我是馬拉拉 青少年版

勇敢發聲，改變世界的女孩！

I Am Malala

How One Girl Stood Up for Education and Changed the World

Young Readers Edition

馬拉拉・優薩福扎伊 Malala Yousafzai
派翠西亞・麥考密克 Patricia McCormick 合著
朱浩一 譯

獻給世上那些無法接受教育的孩童，
獻給那些繼續授課的勇敢教師，
也獻給那些為了基本人權與教育挺身而出的人們。

史瓦特、巴基斯坦與鄰近地區地圖

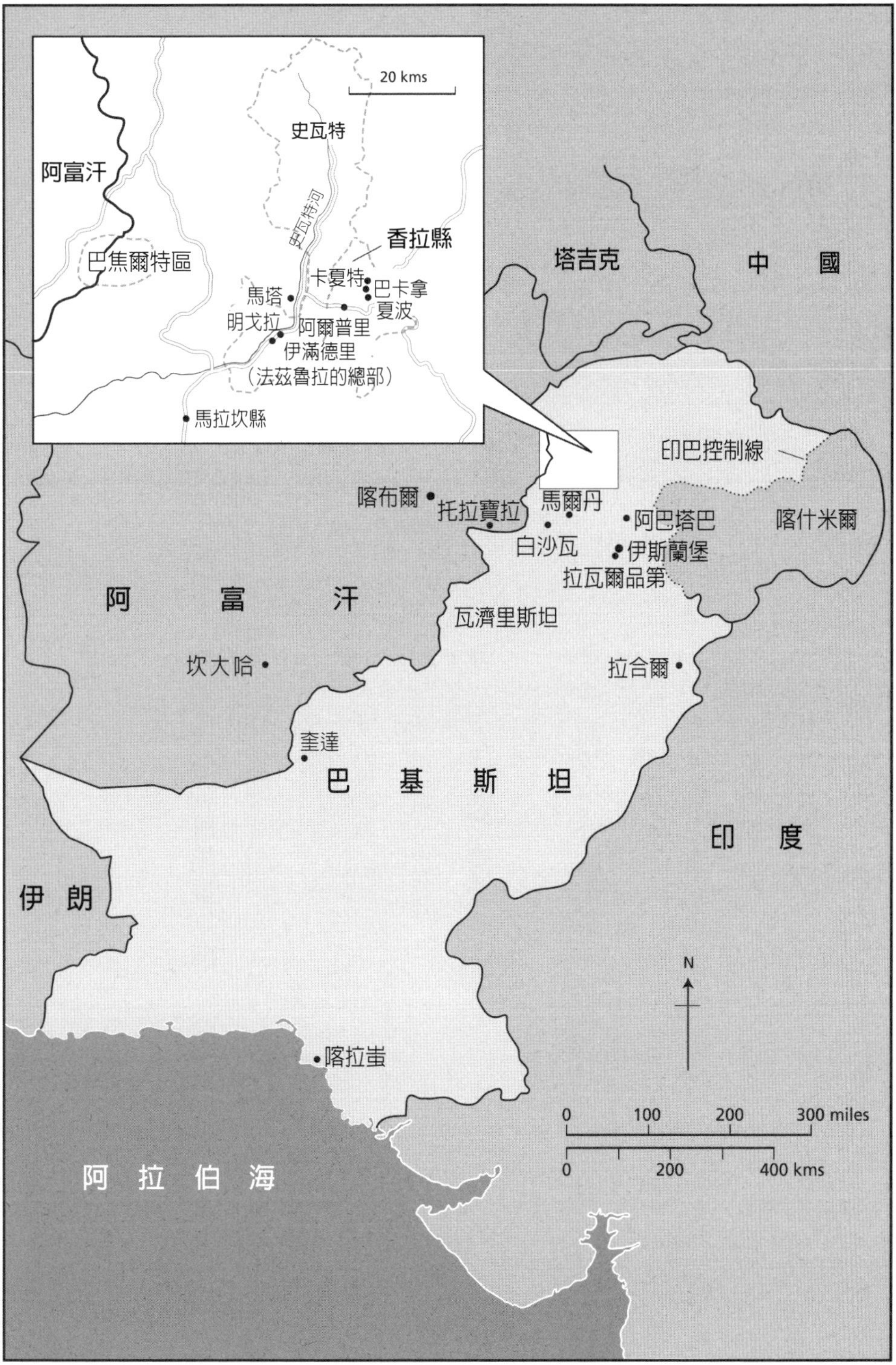

20 kms
史瓦特
阿富汗
史瓦特河
香拉縣
巴焦爾特區
卡夏特
巴卡拿
馬塔
夏波
明戈拉
阿爾普里
伊滿德里
（法茲魯拉的總部）
馬拉坎縣
塔吉克
中國
印巴控制線
喀布爾
托拉寶拉
馬爾丹
白沙瓦
阿巴塔巴
伊斯蘭堡
拉瓦爾品第
喀什米爾
阿富汗
瓦濟里斯坦
坎大哈
拉合爾
奎達
巴基斯坦
印度
伊朗
N
喀拉蚩
0
100
200
300 miles
0
200
400 kms
阿拉伯海

I am Malala
This is my story.

CONTENTS

I am Malala
This is my story.

C O N T E N T S

序幕

只要閉上雙眼，我就能看到自己的臥室。床是亂的，我那條絨毯堆擠成一座小山，因爲我趕著要去學校考試。學校的行事曆攤開在我的桌上，日期是二〇一二年十月九號。而我的制服——我那件白色的沙瓦爾（shalwar）和藍色的卡米茲（kamiz）——則吊在牆上的掛鉤上，乖乖地等著我。

我可以聽見鄰里的孩童正在我們家後面的巷子裡打板球。我可以聽見不遠的市集那兒傳來微弱的人聲。而如果我仔細去聽的話，我就可以聽見住在隔壁的鄰居賽費娜正在輕敲著我們兩家共用的牆，等著要跟我分享一個祕密。

我聞到母親在廚房裡烹煮米飯的聲音。我聽見兩個弟弟正在搶遙控器——電視在《激爆摔角大賽》和卡通節目之間被轉來轉去。很快我就會聽見父親用他低沉的嗓音叫喚我的小名。「Jani」，他會這樣叫我，這在巴基斯坦語中是「親愛的」的意思。「學校那邊今天運轉得還順利嗎？」他是在問我卡須爾女校的狀況——這所學校是我父親創立的，而我就在這裡就學——但我通常會利用這個機會跟他玩文字遊戲。「爸爸（Aba），」我會跟他開玩笑。「學校又沒有輪子，它是用走的啦！」這是我用來表達「還有進步空間」的說詞。

某一天早晨，我離開了溫暖的家——當時，我本來計畫趁學校一放學時喬裝偷溜進去——最後卻來到了另外一個國度。

有些人覺得，返回家鄉這件事情，對現在的我來說太危險了。還說我再也沒有辦法回去了。因此，我只好時不時地搭乘心靈之翼，帶我重返家鄉。

但其實現在已經有另外一個家庭住進那幢宅院，另一名女孩睡在我那間臥室裡，而我卻身在千里之外。雖然我不太在意我房裡大多數的雜物，但我眞的很擔心書架上那些學校獎牌的安危。我有時甚至還會夢見它們。其中有一面，是我第一次參加演講比賽時拿到的亞軍獎牌。還有四十五座以上的冠軍獎盃和獎牌，都是我參加班上的考試、辯論，和其他競賽贏回來的。對其他人來說，它們也許不過是塑膠做成的裝飾品。對其他人來說，它們看起來也許不過是成績好的學生會拿到的獎品。但對我而言，它們象徵的是我所熱愛的生活，和我曾經是個怎麼樣的女孩子——遠在命運之神逼我離開家鄉的那一天之前。

當我睜開雙眼，我人在自己那間新的臥室裡。這是一幢堅固的磚造房屋，位在一個又濕又冷的地方。這裡是英國的伯明罕。在這裡，只要你開關一轉，水就會從水龍頭源源不絕地流出，要冷要熱都沒問題，再也不需要從市場買瓦斯桶回來燒水。這裡的房間很寬敞，地板鋪著亮閃閃的木頭，房裡擺滿了各種大型家具，更有一臺大得不可思議的電視機呢！

在這個綠意盎然的寧靜郊區裡，鮮少會聽見吵雜聲。聽不見孩童的嘻笑或叫喊聲。聽不見婦人在樓下邊切菜邊跟我母親說三道四。聽不見男人們邊抽菸邊論辯政治。然而，即便家裡有著一堵堵的厚牆，我偶爾還是會聽見家裡的誰因想家而落淚。但緊接著我的父親就會從前門衝進家裡來，他的嗓音隨之炸開。「親親！」他會這麼說，「學校那邊今天還順利嗎？」

文字遊戲不再。他問及的不是那間他創辦而我就讀的學校。而他的語氣中藏著一絲的擔憂，就好像他害怕我人不在家，沒辦法回答他的問題。因爲就在不久之前，我差點丟了性命——原因很簡單，只因爲我站出來，用言語捍衛自己上學的權利。

★

那天再平凡不過。我當時十五歲，念九年級。爲了準備隔天的考試，我前一天晚上熬了夜。

黎明時分，我清楚聽見了公雞的鳴叫，但還是倒頭睡去。我雖然也聽見了鄰近的清眞寺在廣播提醒早禱，但我還是想方設法地藏在被窩之中。而當我父親來叫我起床時，我也假裝沒有聽到他的聲音。

後來我母親來了，她輕輕地搖我的肩膀。「該起床了，pisho，」她這麼說，用帕什圖語（Pashto，帕什圖人講的話）裡的「貓咪」叫我。「已經七點半囉，妳上學要遲到啦！」

我們上的「巴基斯坦研究」課要考試。我對眞主講了一段簡單的祈禱文。**倘若此事順祢的旨意，可以讓我考試考第一嗎？**我如此低語。**喔，也感謝祢至今爲止所賜予我的成就！**

配著茶水，我隨口嚥下一些炒蛋跟薄餅（chapati）。那天早上，我的小弟阿塔爾特別愛耍嘴皮子。當時，我爲了爭取讓女孩獲得跟男孩有同樣接受教育的權利挺身而出，他卻對我因這麼做而受到的關注抱怨個沒完。早餐桌上，我父親小小地嘲弄了他一番。

「哪天啊，等馬拉拉當上首相了，你可以去當她的祕書。」他這麼說。

阿塔爾，我們家裡的小開心果，假裝他在生氣。「我才不要！」他大叫。「她才要來當我的祕書咧！」

這些談笑時光差點害我遲到，我奔出大門，把吃剩一半的早餐留在餐桌上。當我跑出巷道時，那輛擠滿了其他要去上學的女孩們的校車恰好出現在我眼前。那個星期二的早晨，我就這麼頭也沒回地跳上了那輛車。

★

校車順著馬路與河岸邊開，不過五分鐘的時間就到了學校。我剛好趕上，而這個要考試的日子如同往常那樣地過去了。當我們安靜地在書寫考卷時，明戈拉市的喧鬧聲環繞著我們：包含了鳴個不停的喇叭聲跟工廠發出來的噪音，不過我們都一言不發，只專注翻著那一張又一張的考卷。那天臨近尾聲時，我雖然疲累卻相當開心；我知道自己考試的成績會很理想。

「我們等校車來第二趟再搭吧，」我的好朋友莫妮芭這麼說。「這樣我們就可以多聊一下天。」我們總喜歡留下來搭晚班車。

這幾天我都有種奇特的不安感，好像有什麼壞事將會發生。有一天晚上，我察覺到自己腦海中不停思索著死亡。死掉的感覺會是怎麼樣呢？我想要知道。那時房間裡只有我自己一個人，因此我將臉龐轉往麥加的方向，詢問眞主。「當妳死去的時候，會是什麼情況呢？」我說。「死亡是什麼感覺？」

如果我死了，我希望能告訴人們死亡是什麼感覺。「馬拉拉，妳這個笨女孩，」然後我這麼對自己說，「妳死了就無法告訴人們死亡是什麼感覺了。」

所以在我上床睡覺之前，我問了眞主另一個問題。有辦法讓我只死去一下下然後就復活嗎？這樣我就可以跟人們說那是種怎麼樣的感覺了。

但隔天的破曉既明亮又天晴，再隔一天，甚至又隔一天也都是如此。而現在我知道自己考試的表現很好，曾經徘徊在我頭頂上的烏雲已開始消散。因此莫妮芭跟我一如以往：我們開懷閒聊。她使用的是哪個牌子的面霜？某個男老師有沒有去做禿頭的治療？還有，現在第一場考試已經結束了，第二場考試不知道又會有多困難呢？

當我們聽到那班校車司機的叫喊時，我們跑著下了階梯。如同往常，莫妮芭跟其他女孩子們都在走出學校大門前包覆住了她們的頭部跟臉蛋，然後搭上正在等待她們的迪納（dyna），一輛權充卡須爾學校「校車」的白色卡車。而且跟平常一樣，司機也準備好了一個小魔術要來逗樂我們。那一天，他讓一顆卵石憑空消失。無論我們怎麼想破頭，都想不透他究竟是使用了什麼伎倆。

我們塞進車裡，二十名女孩及兩位老師擠在跟迪納等寬的三排長椅上。車裡悶熱又感覺黏呼呼的，車子又沒有窗戶，只在外頭蓋了條泛黃的塑膠布。當我們顛簸地穿越明戈拉擁擠的下班車陣時，塑膠布也隨之飄動不已。

哈吉巴巴路上擠滿了色彩鮮亮的人力車、罩袍迎風擺盪的婦女，還有騎著摩托車的男人，他們邊按喇叭邊在車陣中左閃右躲地前行。我們經過了一名正在殺雞的店鋪老闆、一名正在賣霜淇淋的男孩，以及一面哈滿亞醫生植髮中心的看板。莫妮芭跟我則沉浸在聊天當中。我有很多朋友，但她是我的交心好友，我把自己的一切都與她共享。那一天，當我們聊到這次考試誰會得最高分時，有個女孩開始唱歌，而包含我們兩人在內的其他女孩們也都跟著一起哼唱。

在經過小巨人點心工廠及那個距離我家只有三分鐘路程的彎道之後，車子就開始減速，最後停了下來。外頭出奇的安靜。

「今天也太安靜了吧，」我對莫妮芭說。「大家都跑哪兒去啦？」

接下來發生的事情我全部都忘光了，但我從他人的口中聽到的過程是這樣的：

兩名穿著白袍的年輕男子擋在我們的卡車前面。

「這是卡須爾學校的校車嗎？」其中一個人問。

司機笑了。因爲校名分明就用黑色的大字漆在車子的側面了。

另一名年輕男子跳上了車尾，傾身從後方鑽入，當時我們全都排排坐好。

「誰是馬拉拉？」他問。

沒有人回話，但有幾個女孩朝我的方向望過來。他舉起手臂指著我。有些女孩因此尖叫出聲，我則緊緊握住了莫妮芭的手。

誰是馬拉拉？我是馬拉拉，這是我的故事。

第一部

在塔利班出現以前

1 像鳥兒般自由

我是馬拉拉，跟其他女孩並沒有什麼不同——但我的確擁有自己的獨特才華。

我有雙重關節，因此我可以隨心所欲讓手指或腳趾的關節發出劈劈啪啪的聲音。（我喜歡這麼做時一邊觀察別人不安的神情。）比腕力時，我能夠擊敗年齡比我大上一倍的人。我喜歡杯子蛋糕，但不喜歡糖果。還有我不認爲黑巧克力稱得上是「巧克力」。我討厭茄子跟青椒，但我喜歡披薩。我認爲《暮光之城》裡的貝拉性情太過善變，而且我不懂她爲什麼會選擇乏味的愛德華。我那些巴基斯坦的女性朋友們跟我都一致認爲他對她的人生沒帶來絲毫正面的影響。

如今，我已經不那麼在乎化妝和飾品，我也不再是個幼稚的女孩了。但我最愛的顏色是粉紅色，而且我也承認，我以前花了許多時間在鏡子前梳妝打扮。當我年紀更小一點時，我還曾嘗試用蜂蜜、玫瑰水和水牛牛奶來讓我的肌膚看起來更白皙。（當你把牛奶灑在臉上的時候，那味道眞是臭死了。）

我認爲，如果你檢查一個男孩的背包，裡面通常都是一團亂；如果你檢查他的制服，它一定是髒的。這不是我個人的意見，這是事實。

我是一名帕什圖人，我們的部族相當具有名望，我們的族人散住於阿富汗及巴基斯坦。我的父親名叫齊奧汀，我的母親名叫托貝凱，他們都出身於山上的村落，但在他們結婚後，他們搬到了明戈拉。明戈拉座落於巴基斯坦的西北方，是史瓦特谷裡最大的城市，而我就是在這裡出生的。史瓦特以它的美景聞名，來自世界各地的遊客都來到這兒欣賞高山、綠丘，以及那如水晶般清澈的溪流。

我的名字源自帕什圖年輕的女中豪傑馬拉賴，她以無比的勇氣激起了同袍的鬥志。

但我並不崇尚爭鬥——雖然如此，我那十四歲的弟弟卡須爾總是跟我吵個沒完。我才不會主動去跟他吵架呢。都是他先來跟我吵。而我認同牛頓的看法：每一股力都會產生一股同樣強度的反作用力。所以我想或許你可以這麼說：當卡須爾要跟我吵架的時候，實際上是我迫使他這麼做的。我們吵架的理由包括電視遙控器、家事、誰才是好學生，甚至誰吃掉了最後一塊起司零嘴（Cheesy Wotsits）。任何只要你能夠想到的事情，我們都能拿來吵。

我十歲的弟弟阿塔爾比較不會來煩我。當我們不小心把球踢到界外時，他可是追捕球的好手呢！不過有時候他也是會有自己的一套行事準則啦。

當我年紀還小的時候，這些弟弟相繼出世，我因此跟眞主有了一番小對談。主啊，我說，在祢把他們兩人送到這個世界上之前，祢沒有先問過我的意見。祢沒有先詢問過我的感受。有他們兩個在這兒，有時候也挺不方便的，我這麼對眞主說。當我想用功的時候，他們就會大聲喧鬧。當我早上想刷牙的時候，他們就會狂敲浴室的門。但我仍然成功地跟這兩個弟弟和平共處。往好處想，也是因爲有他們兩個在，我們才有辦法來場板球大對抗。

還在巴基斯坦的老家時，我們三人像群野兔般亂跑，在鄰近住家的巷弄間跑進跑出；我們會玩一種叫做「鬼捉人」（tag）的追逐遊戲，還有另一種遊戲叫做「芒果芒果」[1]，一種我們稱爲青達克（Chindakh，意思是「青蛙」）的跳房子遊戲，和官兵捉強盜。有時候我們會偷按某戶人家的門鈴，然後跑去躲起來。不過我們最喜愛的遊戲還

1 玩法為：參加的人繞成一個圓圈然後唱歌，當歌曲停止後每一個人都不准動，任何移動身體或笑出來的人就算出局。

是板球。不分日夜，我們都會在自家屋旁的巷弄或平坦的屋頂上打球。我們買不起球的時候，我們就會用一只塞滿廢物的舊襪子來代替；而球門則是用粉筆畫在牆上。阿塔爾是我們之中年紀最小的，因此如果球從屋頂滾落時，他就會被派去把球找回來；有時在尋找的過程中，他會拿走鄰居家的球。回來時，他臉上會掛著一彎奸笑並聳聳肩。「怎麼啦？」他會這麼說。「他們昨天還不是拿走了我們的球！」

不過呢，你知道的，男孩子就是男孩子，他們多數不像女孩子那麼有教養。所以，如果我沒有心情搭理他們兩個「臭男生」時，我就會走下樓，敲敲我們家跟賽費娜家之間的那堵牆。輕敲兩下是我們的暗號。她也會輕敲回答。然後我會移走一塊磚頭，在我們兩家之間製造出一個洞，彼此間竊竊私語。有時候，我們也會約好一起去誰家裡看我們最喜歡的電視節目「夏卡 拉卡 蹦蹦」（Shaka Laka Boom Boom）——這是關於一個有支神奇鉛筆的男孩的故事。或者，我們也會把時間花在那些我們用火柴棒和碎布做出的小鞋盒娃娃（shoebox dolls）上。

從我八歲那年開始，賽費娜就一直是我的玩伴。她的年紀比我小幾歲，但我們很要好。我們有時候會仿效對方，但有一次我認爲她做得太過火了。當時我最鍾愛的物品——我父親買給我的一支粉紅色塑膠手機，那是我唯一的玩具——不見了。

那天下午，當我去找賽費娜玩的時候，她竟然有了一支一模一樣的手機！她說那是她的；她說她是在市集買到的。不過呢，我並不相信她，而且我當時已經氣到無法思考。所以我趁她不注意的時候，拿走了她的一對耳環。隔天則拿走了一條項鍊。其實我根本不喜歡這些飾品，但我就是克制不了自己。

幾天過去了。有一天我回到家的時候，發現我的母親難過到無法正視我。她在我的小櫃子裡發現那些偷來的飾品，便將它們都還了回去。「是賽費娜先偷我的東西！」我哭了出來。但我的母親不爲所動。「馬拉拉，妳的年紀比她大。妳應該要當她的好榜樣。」我滿心羞愧地回到自己的房間。但要等我父親回家的那段漫長光陰更爲難受。他是我的偶像——勇敢而守序——而我是他的親親。他一定會對我的作爲感到很失望。

但他語氣平緩，沒有大聲訓斥我。他知道我已經深深地譴責了自己，所以他沒有必要再責罵我。相反地，他安慰我，告訴我許多偉大的聖賢都曾在他們年紀還小時犯過錯。這些聖賢包括偉大的和平主義者聖雄甘地，以及巴基斯坦的國父穆罕默德．阿里．眞納。他轉述了他的父親曾告訴過他的一則故事當中的一句話：「一個孩子在他小時候就是一個孩子，即便這人是先知也不例外。」

我想起了規範我們帕什圖人生活的帕什圖法（Pashtunwali）。律法的其中一部分是復仇（badal）——一種有仇報仇的傳統作法——以汙辱制裁汙辱，以死亡制裁死亡，無止無盡。

我的確嚐到了復仇的滋味，不過苦不堪言。然後我發誓自己再也不依循badal來行事。

我跟賽費娜和她的父母親道歉。我同時也希望賽費娜能夠在跟我道歉後，把手機還給我。但她一聲沒吭。然後，就如同我盡力去遵守自己的誓言，雖然我仍對手機不見這件事心存懷疑，但我什麼話也沒有說。

賽費娜跟我很快就找回了我們的友誼，而我們跟其他鄰近的孩童們也回到了我們那些追逐跑跳的遊戲之中。那個時候，我們住在離市中心很遠的地區。在我們家的後面有一大片草地，上面散置了各種奇特的遺跡——獅子雕像、一座舊佛塔（stupa）的殘柱，還有數百個看起來像是雨傘的巨石——夏天的時候，我們會在那裡玩帕帕圖尼（parpartuni），一種像是捉迷藏的遊戲。冬天的時候，我們則會在那兒堆雪人，直到母親們叫我們回家喝加了荳蔻的熱奶茶時，我們才會離開。

★

從我有記憶以來，我們家裡總是擠滿了人：鄰居、親戚，以及我父親的友人——還有川流不息的堂或表兄弟姊妹。他們要不來自我父母長大的那座山上，要不來自隔壁的城鎮。就連我們搬離窄小的第一棟房子，而我好不容易擁有「自己」的一間臥室後，那間臥室也鮮少是我所獨有。總是會有一名表親睡在房間的地板上。這是因爲帕什圖法的核心價值之一就是殷勤好客。身爲一名帕什圖人，你家的大門永遠都爲了訪客而敞開。

我母親跟婦女們會聚集在我們家房子後面的陽臺一起烹飪、說笑、談天，聊些跟新衣、珠寶，以及評論鄰里內的其他女士。同時，我父親則跟男人們坐在客房裡喝茶聊政治。

我通常會從孩童們的遊戲中漫步離開，躡手躡腳穿過女性的區域，然後加入男性的群體中。對我來說，那裡正在進行的事情又刺激又重要。雖然事實上我並不知道他們在聊些什麼，我理所當然也不懂政治，但我卻能感受到男人們所身處的嚴肅世界對我產生了一股拉力。我會坐在父親的腿上，邊喝飲料邊聆聽他們的對談。我喜愛聽男士們爲了政治而相互辯論。但更主要的原因，是因爲我喜愛坐在他們之間，任自己沉醉於他們言談中那比史瓦特谷還要寬廣的大世界。

到最後，我會離開那間房，在婦女群之間逗留一會兒。她們眼中的世界與說話的聲調跟男人不同。你聽得見溫柔的對談，彼此低聲吐露心事。有時是銀鈴般的清脆笑聲。有時是刺耳、喧鬧的大笑。但最令人驚奇的，是婦女們的頭巾跟面紗都不見了。她們的深色長髮及美麗的臉龐——搽了口紅也畫了彩繪（henna）——都很動人。

我幾乎每天都要看著這些婦女遵循深閨制度（purdah），進出公共場合她們都須將自己的身體給裹住。有些人，例如我的母親，只會簡單地用稱爲面紗（niqab）的頭巾遮住她們的臉蛋。但其他人會穿罩袍（burqas），一種材質平滑的黑色長袍，遮住頭部跟臉部，如此一來別人就連她們的眼睛都看不見。有些更極端的人則會再穿戴上黑色手套與襪子，這樣的話就連一絲肌膚也不會顯露在外。我曾見過妻子們被要求走在她們的丈夫的身後，彼此之間必須相距數步的距離。我曾見過婦女們被規定遇見男性時必須垂下她們的目光。而我也見過曾是我們的玩伴的年長女孩在長成青少女之後，就立刻消失在面紗的背後。

但能夠有幸看見這些婦女們自在地談天——她們的臉上散發出自由的光芒——就像看見一個嶄新的世界。

我從來都不是一名廚房小幫手——我承認只要逮著機會，我就會試著逃離那些切菜或洗碗的家務——因此我沒在那兒逗留太久。但當我離開的時候，我總會好奇：不知道躲躲藏藏的過活是種怎麼樣的感受？

被迫遮掩身體的生活看起來是如此的不公平——而且也不舒服。在我年紀還小的時候，我告訴父母，不管其他女孩如何應對，我絕對不會像她們一樣遮蔽自己的臉龐。我的臉就是我的身分。我那相當虔誠且傳統的母親對我的言論大感震驚。我們家的親戚認爲我十分勇敢。（有些人則是認爲我無禮。）但我的父親說，我可以隨心做自己。「馬拉拉會過得像鳥兒般自由自在。」他對每一個人都這麼說。

因此，我又跑回了孩童的團體之中。特別是要舉辦放風箏大賽的時節——參賽的男孩子們都會絞盡腦汁想辦法弄斷對手的風箏線。那是一場刺激的競賽，充滿了無法預期的風箏脫線與墜落。五顏六色的風箏一一落地的畫面雖然很美，但對我來說，卻也帶著些許哀傷。

也許是因爲從那些墜地的風箏上，我也看到了自己的未來——就只因爲我是個女孩。無論我父親怎麼說，我知道當賽費娜跟我年紀大一些以後，我們就會被要求爲自己的兄弟下廚、打掃。我們可以選擇當醫生，因爲女性患者會需要女醫師看診。但我們沒辦法成爲律師或工程師、時裝設計師或藝術家——或任何我們夢寐以求的職業。我們也不能隨便離開自己的家，除非有一名男性的親屬陪同我們出門。

當我看著我的兩個弟弟跑上屋頂放他們的風箏翱翔時，我很好奇自己未來的人生究竟能夠享有多少的自由。

但即便是在這樣的現實環境裡，我依舊曉得自己是父親的掌上明珠。這對一名巴基斯坦女孩來說是極爲罕見的對待。

在巴基斯坦，當一名男孩誕生時，大家都會趕來祝賀，還會對空鳴槍慶祝。嬰兒床裡會堆放許多禮物，男孩的姓名也會被記入族譜之中。但當一名女孩誕生時，沒有人會來祝賀這對父母，周遭的女性們只會爲這名母親覺得遺憾。

我的父親沒理會這些習俗。我在族譜中看見了自己的名字——用亮藍色的墨水寫的——被寫在那些男性名字之間。我的名字是三百年來第一次被記錄進族譜中的女子名。

在我整個童年時期，他總會唱一首歌給我聽，歌詞與我那著名的帕什圖名字由來有關。「噢，麥萬的馬拉賴啊，」他會這麼唱，「請妳再次讓帕什圖人瞭解榮耀之歌吧！妳如詩般的話語扭轉了世界。我祈求妳再次現身。」當我年紀還小的時候，這些歌詞我一個字也聽不懂。但在年齡稍長後，我認識到馬拉賴是名英雄，也是衆人的榜樣，而我想尊她爲我的人生導師。

當我五歲就開始學著閱讀時，我的父親會跟他的朋友們炫耀。「你看看這個女孩，」他會說。「她注定要在天空翱翔！」我假裝很害羞，但對我而言，父親稱讚我的話是世界上最珍貴的寶物。

另一方面，我也遠比多數的女孩更爲幸運：我父親是一所學校的創辦人。雖然是一所除了黑板跟粉筆之外一無所有的簡陋學校——而且學校旁邊還有一條臭味十足的河流。不過對我來說，那裡就是天堂。

父母跟我說，我還沒學會走路以前，我就會搖搖擺擺地走進空無一人的教室裡教課。我用自己那咿咿呀呀的語言講課。有時候我會走進教室裡跟年紀較大的孩子們坐在一起，我會充滿敬意地聆聽老師所教授的一字一句。隨著年齡漸增，當我看見那些每天來學校上課的大姊姊們身上所穿的衣服時，我也渴望自己能穿上同樣的制服：沙瓦爾・卡米茲——一套深藍色的長衫及寬鬆的白色長褲——配上白色的頭巾。

在我出生的三年前，我父親創辦了這所學校，他是老師、會計跟校長——同時也兼任警衛、工友和維修主任。他要攀爬上梯換燈泡，也得深入井底修抽水幫浦。當看見他的身影消失在井裡時，我哭了出來，以爲他再也不會回來了。雖然當時我還不懂，但是現在我知道了，學校永遠都入不敷出。支付完校舍的租金和教師們的薪水後，剩下能買食物的錢並不多，因此我們的晚餐經常都是草草了事。但成立這所學校是我父親的夢想，所以我們都甘之如飴。

當知道自己終於能去上學時，我興奮不已。我可以說就是在這所學校裡長大的。這所學校是我的全世界，我的世界就是這所學校。

2 夢想

每年春天與秋季，在宰牲節[2]與開齋節[3]（Eid）的假期間，我們家就會啓程去探訪地球上我最喜歡的地方：香拉，我的父母親就是在這個山上的村落長大的。身上滿載著要給親戚的禮物——繡花披巾、一盒盒用玫瑰與開心果做成的糕餅，以及他們在村裡買不到的藥品。我們會到明戈拉巴士站，幾乎全鎮的人都聚集到這擠在一塊兒，等著要搭長途巴士（Flying Coach）。

我們會把禮物——連同一袋袋的麵粉、糖、毛毯，與其他家庭攜帶的行李箱——堆放在巴士的車頂上，堆成一座壯觀的小山。然後我們就擠進巴士，忍受四小時彎彎曲曲又崎嶇不平的道路進入山區。在這趟旅程的前四分之一路程裡，道路是一連串的彎折；路旁一邊是史瓦特河，另一邊則是緊鄰的峭壁。有些早前的車輛墜落山谷成了廢鐵，而我那兩個弟弟則不停用眼搜尋、並用手指出廢鐵的所在處，樂此不疲。

長途巴士越爬越高，直到周圍的空氣變得涼爽而清新。到最後，眼前的景色只留下山巒層疊。高山，高山，高山，除此之外只有一片銀色的天空。

住在香拉的多數人都很貧窮，這裡缺乏例如醫院或超市這種現代設施，但每次我們抵達，親戚們就會舉辦盛大的宴席來迎接我們。人們特別喜歡在開齋節時舉辦宴席，以此活動揭告賴買丹月的白日齋戒畫下休止符。到處都看得見盛在大碗裡的雞肉燉飯、菠菜羊肉、爽脆的大蘋果、漂亮的黃色蛋糕，以及裝滿了香甜奶茶的大茶壺。

即便當時我只有七或八歲，村裡的人們仍認爲我是個世故的城市女孩，而我的表親們偶爾會嘲笑我，因爲我既不喜歡光著腳四處走，也不像他們一樣穿著自家裁縫的衣

---

2 又稱為古爾邦節，為伊斯蘭教重要節日，用來紀念先知易卜拉欣（即《聖經舊約》中的亞伯拉罕）願意為了真主奉獻出兒子的生命，而真主派遣天使送來一隻羔羊代替。這個節日在伊斯蘭曆的十二月（都爾黑哲月，即「朝聖月」）十日，為期四天，家家戶戶都會宰殺一頭羊來慶祝此節日。

3 由於真主阿拉在伊斯蘭曆的九月（賴買丹月，即「熱月」）時將《可蘭經》賜給穆罕默德，因此該月份為伊斯蘭教徒的齋戒月，教徒須嚴守齋戒的相關規定。而十月（閃瓦魯月，即為「獵月」）一日便是開齋節，慶祝齋戒結束。

服，我身上穿的衣服是從市場買來的。我講話有都市口音，也慣用都市的俚語，所以他們認為我很時尚。唉，如果他們知道實情就好了。若是出身大城市如白沙瓦或伊斯蘭堡的人，都會認為我非常落伍吧。

不過當我人在村裡時，我會過起鄉下女孩的日子。早晨，當我聽見雞鳴，或是聽到樓下傳來婦女在幫男性準備早餐而讓盤子發出喀啷喀啷的撞擊聲時，我就會起床。接著所有的孩子都會從屋裡四散而出，迎向美好的一天。我們直接從蜂巢裡品嚐蜂蜜，並用鹽巴醃漬綠色的李子。我們沒有任何玩具或書本，我們會在溪谷裡玩跳房子或打板球。

下午時分，男孩們會跑去釣魚，我們女孩子則走到河流的下游，玩我們最喜歡玩的遊戲：「結婚」。我們會選出一位新娘，然後幫她妝點，準備參加後續的典禮。我們會在她的身上戴上手鐲及項鍊，再用化妝品幫她上妝，也在她的雙手畫上彩繪。一旦她的行頭備妥，就可以交給新郎了，然後她要假裝哭泣，我們就會輕撫她的頭髮，要她別擔心。有時候我們會因為笑得太厲害而跌倒在地。

但山區婦女們的生活並不好過。村裡沒有一間像樣的商店、沒有大學，沒有醫院或女醫師，政府也沒有供給乾淨的水源或電力設備。許多男人離開村莊，到非常遙遠的地方當修路工人或礦工，有錢時就會寄回家鄉。有些男人則是就此客死異鄉。

村子裡的婦女一樣得在離家時遮起她們的臉龐。除了男性的近親之外，她們不允許與其他男性碰面或說話。她們都不識字，就連我那在村子裡長大的母親也不例外。在我們的國家，文盲的女性很常見，但我覺得親眼看著自己的母親，一位自豪而聰明的女人，在市場裡吃力地讀著物品的價格，對我倆來說都是一種說不出的哀傷。

村子裡多數的女孩子——包含我大部分的表姊妹——都沒有去上學。有些父親甚至認爲家中的女兒「不值錢」，因爲她們很早就會出嫁，從此與夫家的家庭共同生活。「送女兒到學校念書有什麼意義？」男人們常這麼說。「不需要任何教育，她也能夠扛起一個家庭。」

我永遠都不會跟長輩頂嘴。在我們的文化裡，絕對不可以對他或她的長輩不敬——就算他們是錯的也不例外。

但當我看見在這裡辛苦過日子的女性們時，我會覺得困惑而傷心。爲什麼在我們國家，女性要受到如此不人道的待遇？

我詢問父親，他告訴我說，住在阿富汗的女人的日子過得更慘。他們國家的政權落在一個名爲塔利班（Taliban）的組織手中。女校都被燒成灰燼，所有的女性都被迫穿上一種更密實的罩袍，她們從頭頂到腳趾都不能透光，只在雙眼處留下一塊格狀的布料讓她們視物。女性嚴禁大笑出聲或搽指甲油。倘若她們出門時，身旁沒有一名男性家屬隨行，她們就會被痛打或關進大牢。

他所說的事情令我不寒而慄。感謝老天讓我住在巴基斯坦，在這兒身為一名女孩還能夠自在地去上學。

那是我第一次聽到塔利班。但我當時並不知道他們不只存在於阿富汗。他們在巴基斯坦有另一個組織，離部落地帶（一般稱為「聯邦直轄部落地區」，FATA）不遠。這個組織中的部分成員是帕什圖人，就跟我們一樣，而他們很快就會為我陽光普照的童年帶來陰影。

不過父親叫我別擔心。「我會守護妳的自由，馬拉拉，」他說。「堅持妳的夢想。」

3 神奇鉛筆

當我八歲的時候，我父親已經擁有超過八百名學生及三個校區——一所小學分部，一所男子中學，一所女子中學——因此，我家終於有足夠的錢能夠添購一臺電視機。就是從這個時候開始，我渴望能夠擁有一支神奇鉛筆。我是從賽費娜跟我在放學後一起收看的節目「夏卡 拉卡 蹦 蹦」得到這個靈感的。這個節目提到一個叫做桑竹的男孩，他畫出來的所有東西都會變成眞的。如果他肚子餓了，他就會畫一碗咖哩，咖哩便會憑空出現。如果他身陷危險，他就會畫出一名警察。他是一個小小英雄，總是在保護那些陷入險境中的人們。

我會在夜晚的時分祈禱，主啊，請賜給我桑竹的鉛筆。我不會告訴任何人。請把它放在我的櫃子裡。我會利用它來讓所有的人都開心。禱告一結束，我就會立刻檢查抽屜。但神奇鉛筆從來也沒有出現在裡面過。

一天下午，我那兩個弟弟不在家，母親要我拿一些馬鈴薯皮跟蛋殼去丟。我走到離家僅一個街區距離的垃圾堆，邊靠近時邊皺鼻。揮趕蒼蠅的同時，我也隨時留意自己那雙漂亮的鞋子沒有踩到什麼髒東西。要是我擁有桑竹的神奇鉛筆那該有多好啊。我會把眼前的東西：臭味、老鼠、腐臭食物堆成的高山都擦拭個精光。當我把家裡的廚餘丟到垃圾堆上時，我看到有個東西動了一下。我跳了開來。

那是名年紀跟我相當的女孩。她的頭髮糾結，皮膚還到處都潰爛了。她正在把垃圾分類成堆，一堆是金屬罐，一堆是塑膠瓶。鄰近處，一些男孩正在用連接在一條絲線上的磁鐵往成堆的垃圾裡「釣魚」。我想跟他們說話，但我不敢。

同一天稍晚，當我父親回到家時，我告訴了他那群在垃圾場的孩子的事，並將他拖去看看他們。他溫柔地對那群孩子說話，但他們卻逃開了。我問他，爲什麼他們沒有待在學校裡面。他告訴我，這些孩子把能找到的任何東西都拿去變賣，好得到一些「盧比」[4]爲報酬，貼補家用；如果他們去上學，他們的家人就得挨餓。回家的路上，我看

4 rupee，巴基斯坦和過去印度使用的貨幣名。

見他的臉頰上掛著眼淚。

我相信所有的惡中都藏著善，每當有一名壞蛋誕生，眞主就會讓一個好人降臨世間。因此我決定這是跟眞主聊聊這個問題的時候了。親愛的眞主，我在一封信上寫道，祢知道有孩子被迫在垃圾堆裡面謀生嗎？我停筆。祂當然知道！接著我才意識到，是祂要我看見他們的。祂要讓我看見，若我沒有去上學的話，我會過著什麼樣的日子。

在這件事情發生之前，我仍舊相信神奇鉛筆能夠改變世界。現在，我知道必須靠自己親手去實踐。我還不知道自己該做些什麼，但我請求眞主賜給我能讓世界變得更好的力量跟勇氣。我在信上署名，把它捲起，綁在一小片木頭上，並在上面放了一朵蒲公英，然後把它放在水面上，讓信能夠順著小溪流進史瓦特河。我相信眞主會在那兒找到它。

就如同我想幫助那群靠垃圾堆謀生的孩子一樣，我母親則是想幫助所有的人。她開始將麵包的切邊放進一只大碗裡，放在廚房的窗臺上。在那旁邊則多放了一盆雞肉燉飯。麵包邊是要用來餵鳥的；食物則是供給我們鄰里內一戶貧窮人家享用。

有一次，我問她爲什麼總要把食物免費送出去。「我們深知飢餓的滋味，喵喵，」她說。「跟他人分享我們所擁有的物資，這是我們永遠都不應該忘記的一件事。」

因此，我們會跟別人分享我們的一切。在一個七口之家陷入困頓之境時，我們甚至把自己的家跟他們共享。按常理來說，他們應該要付我父親租金，但通常不會收到租金，到頭來我父親還借了他們一些錢。縱使我父親的學校賺不了多少錢，他還是提供了超過一百個名額，讓貧窮的孩童能夠免費上學。他期許自己能付出更多。與此同時，我母親開始每一天都在家裡供應幾個女孩吃早點。「如果肚子空空的，」她說，「她們怎麼有辦法學習新知？」

有一天，我注意到一些就讀已久的學生沒再回來上課。我問父親他們去哪兒了。「喔，親親，」他說，「一些家境富裕的家長發現他們的小孩居然跟那些幫他們清掃住家或清洗衣物的人的兒女在同一間教室上課，所以就把他們的孩子帶走了。」

我當時年紀還小，但也大到足以感受到這麼做是不對的，也知道若太多付費的學生選擇離開，學校跟我們家的經濟狀況都會面臨衝擊。但有一件事情我不知道：一個更大的危機正在逼近。這個危機不僅會影響我們家和我父親的學校，甚至影響了整個巴基斯坦。

4 來自真主的警告

秋天的某一日，當我還在念小學的時候，教室裡的課桌忽然開始震動、搖晃。「地震！」我們大叫。我們往外逃跑，有些人在蜂擁擠出窄小的門時摔倒了，我們聚集在老師的身旁尋求保護與安慰，就像是一群小雞圍繞在母雞旁一樣。有幾個女孩子在哭。

我們住在一個地震頻繁發生的地區，但這次的地震不一樣。就連我們回到教室以後，整座建物仍在持續搖晃；隆隆的地鳴也沒有停止。我最喜歡的老師烏爾法小姐要我們保持冷靜。她跟我們保證地震很快就會停歇。但當第一次地震過後沒幾分鐘的時間，第二次強震再度襲來時，校方就開始送學生們回家了。

當我抵達家門時，我發現母親坐在庭院中（那裡是她認爲最安全的地方，因爲頭上沒有屋頂）。她唸誦著神聖《可蘭經》上的經文，眼淚滑過她的臉頰。餘震不斷，入夜後仍沒止息，而每當餘震發生，母親就會跑到外頭，並堅持要我們跟著她一起行動。父親要她別嚇壞了孩子，但我們因爲大地晃動個不停，老早就嚇壞啦！

結果，二〇〇五年十月八號那天所發生的地震，其實是歷史上最嚴重的一次。它的規模達到芮氏七點六，遠至喀布爾和德里都能感受到。餘震持續了至少一整個月。我們所居住的明戈拉市大致無恙，但巴基斯坦的北部地區，包含我們鍾愛的香拉，災情十分慘重。

當我們終於從住在那兒的親友們得到消息時，他們說，他們以爲是世界末日降臨。他們描述當時的景況：巨石從山丘上轟隆隆地滾下、家家戶戶的人都逃出了家門，口中不停唸誦神聖《可蘭經》的經文，屋頂發出尖鳴的聲響後垮下、牛羊四處慘嚎。他們驚懼不安；在天崩地裂的局面停歇之後，他們開始等待救援。

政府的救援行動來得很遲，但一個保守宗教團體的救援人員卻即刻趕抵現場。這個團體的名稱叫做：鐵力克．納法遮．夏里亞．莫哈瑪迪（Tehrik-e-Nifaz-e-Sharia-e-Mohammadi，簡稱爲ＴＮＳＭ），也就是「保衛先知教法運動」，他們的領導人物是蘇非．穆罕默德，以及他的女婿毛拉那．法茲魯拉。

到最後，政府終於試著伸出援手，來自美國的援助（美國在鄰近的阿富汗有駐紮軍隊跟直升機）也進入了災區。但志工與醫療協助仍多數仰賴與好戰團體有關係的組織，例如TNSM。他們協助災民清掃並重建村落。他們帶領大家禱告，幫助掩埋死者。他們收容了多達一萬一千名的孤兒。依照我們的文化，孤兒通常都是由延伸家庭負責收養，但這次的地震威力太強大，有些家族的成員盡數喪生，或是失去了所有財產，因此無力照料其他孩子。許多孤兒便住進了基本教義派（fundamentalist）[5]所經營的伊斯蘭學校（madrasa）中。

出身TNSM的毛拉（mullah）在布道時說這場地震是眞主給我們的警告。如果我們不改正自己的作爲，並依循沙力雅（sharia），也就是伊斯蘭律法過日子的話，將會有更嚴厲的懲罰從天而降。

整個國家在遭逢地震侵襲後，長時間都處在震驚的狀態。我們的身心都非常脆弱。這讓那些圖謀不軌的人輕而易舉地就將這全國性的恐懼轉化爲他個人的力量。

5 在宗教領域中，提倡基本教義派的團體認為現行的宗教思想已偏離了初衷，過於世俗化，因此希望回歸到文獻的傳統字面解讀，藉此找回信仰的本質。

5 第一次的直接警告

每天早上，當我的朋友們走進學校大門時，都會有一名板著一張臉的男子站在對街瞪著我們。後來有一天晚上，他跟六名社區的長者一同來到了我們家。我去應門。他表示自己是一名穆夫提（mufti），也就是伊斯蘭教的學者，並說他對學校的經營方針有所質疑。父親把我趕到其他房間，那名穆夫提跟那些長者則擠進了我們窄小的住屋，但他們之間所說的一字一句我都聽得清清楚楚。

「我代表良善的穆斯林而來，」那名穆夫提說。「我們一致認爲你開設的女子中學是一種褻瀆眞主的行爲。你應該關閉學校，青少女不應該去上學。她們應該遵守深閨制度。」這名穆夫提很明顯受到了一位毛拉那所經營的地下電臺的廣播節目影響。這名毛拉那在自己的電臺上布道，並嚴詞批判那些他認爲「不守伊斯蘭教義」的人。

我們知道一件那位穆夫提不知道的事，他的姪女私底下有來我父親的學校上課。

當我父親跟穆夫提爭論時，其中一名長者說話了。「但你們家裡有擺《可蘭經》。」

「我們家裡當然有！」我父親說。「我是個穆斯林。」

那名穆夫提又繼續說話，抱怨到學校上課的女孩子竟然跟男孩子走同一道大門。因此我父親想到了一個妥協的辦法：年紀較大的女孩子走另一扇大門入校。

最後那名穆夫提總算退讓，跟著那群男人走了。雖然家門已在他們身後關上，我心裡還是有個結。在成長的過程中，我見識過許多頑固、驕傲的帕什圖男子。整體來說，當一名帕什圖男子辯輸他人時，他永遠不會眞正忘記此事，更不會原諒。

雖然我只是一個孩子，但我知道這個男人的想法是錯的。我從五歲開始研讀我們的聖典《可蘭經》；在下午學校放學後，父母會送我到一所研讀教義的伊斯蘭學校上課。那是一所開放式的淸眞寺，男孩和女孩在那裡一起研讀神聖的《可蘭經》。我很喜歡學習阿拉伯字母。我很喜歡那些文字千奇百怪又神祕的造型、大家一起唸誦經文時的聲音，還有那些教我們要如何遵照阿拉的教誨過日子的故事。

在那兒指導我的老師是一名女性。她既仁慈又有智慧。對我而言，伊斯蘭學校僅是一個提供宗教教育的場所；我還是會在卡須爾學校學習其他的課程。但對這裡面的許多孩子來說，伊斯蘭學校是他們唯一會去上課的地方。他們不會上其他的課程：沒有科學，沒有數學，沒有文學。他們只會學習阿拉伯文，這讓他們能夠唸誦神聖《可蘭經》。然而，他們並沒有學到那些文字眞正的意涵，只學到它們的發音。

以前我沒有想太多，直到那名穆夫提來我家拜訪之後，我才注意到這個差別。有一天，我跟鄰里的孩子們一起在巷子裡玩耍，而當我們要選擇加入板球的哪一個隊伍時，其中一個男孩說，他不想要我成爲他的隊員。

「我們的學校比你們的好。」他這麼說，好像這樣就能解釋他的行爲。

我一點也不同意他的講法。「我們的學校比較好。」我說。

「你們學校不正派，」他很堅持。「它沒辦法直接帶領妳走上伊斯蘭的道路。」

我不明白他所說的話，但我知道他是錯的。我的學校是天堂。

因爲在卡須爾學校，我們能夠乘著知識之翼在天空遨遊。在一個婦女進出公共場所需要有一名男性陪伴的國度裡，我們這些女孩轉而探索書中世界，旅行範圍既遠又廣。在一塊許多女性連市場裡的商品價格都看不懂的土地上，我們學習乘法演算。在一個只要一旦成爲青少女，我們就得遮起自己的臉蛋、藏起自己的身軀，好讓那些曾經是我們童年的男性玩伴們看不清我們樣貌的地方，我們卻能在這個學校裡盡情奔跑，快速如風。

我們並不知道教育會如何影響我們的未來，我們只是想要一個平靜的學習機會，而這就是我們實際去做的。卡須爾校牆外的世界儘管繼續瘋狂吧，只要人在校牆內，我們就可以做眞正的自己。

一旦我們把帶進教室的書包放下後，我們唯一在意的，就和任何一名上學的孩子一樣：當天的考試誰會得到最高分的成績，以及下課時誰會跟誰坐在一塊兒？

在我就讀小學的期間，幾乎每年的學期末我都會拿到第一名的獎狀，對我來說這是一種驕傲。我被認爲是學校最優秀的女孩之一——同時也是校長的女兒——而有些女孩認爲兩者之間也許有所關聯。但對我父親來說，不給予我任何特殊待遇是他的驕傲。當一個新的女孩在我約九歲時入學之後，所有人的疑心全部都消失無蹤了。

她的名字叫瑪麗克．愛奴兒，雖然她學習能力強，做事又有毅力，但我不認爲她有我這麼聰明。因此，當那學年度的最後一天宣布成績排名時，我呆住了。她拿了第一名，我則落到第二。

看著她領取獎狀時，我有禮地面帶微笑，但一踏進家門眼淚就流了出來。當父親看見我時，他試圖安慰我，但卻說出了我不想聽的話。「換拿第二名很好，」他說。「因爲這樣妳才能學習到有贏就有輸。而且，妳應該去學習怎麼當一名好輸家，而不單只是一名好贏家。」

我當時太年輕，也太頑固，聽不進他說的話。（而且，坦白說，我到現在還是喜歡當第一名。）但在那學期結束以後，我加倍用功念書，這樣一來，我就再也不用去面對同樣的教訓啦！

另外一件我經常擔心的事情，就是莫妮芭有沒有在對我生氣。她是我最要好的朋友，跟我一樣愛看課外讀物，她幾乎就像是我的親姊妹。一有機會我們就會坐在一起——搭公車、下課、在教室上課——而且她是這世界上最能逗我大笑的人。但我們會習慣性地吵架，而且經常都是吵同一件事：當另一名女孩介入我們之間的時候。

「妳到底是我的朋友還是她的朋友？」如果我在下課休息時間跟其他女孩坐在一起，莫妮芭就會這樣問我。

「莫妮芭，」我會說，「是妳先不理我的！」

最慘的情況是莫妮芭不跟我說話。然後我會因爲她對我生氣而對她生氣！有時候這樣的冷戰會持續好幾天。到最後我會因爲太想念她，而願意把吵架的責任攬在自己身上。（感覺起來每次錯的都是我！）然後她會做個鬼臉，之後我們就會笑得東倒西歪，忘卻彼此之間的爭吵，直到又有一名「第三者」出現在我們之間爲止。

如此一個讓我學習許多知識又充滿歡笑的地方，怎麼可能會是不好的呢？

第二部
籠罩河谷的陰影

6 電臺毛拉

有一天晚上，當我人待在一名親戚位於明戈拉的住處時，我聽見從收音機裡傳出了奇怪的哭泣聲。

在煮了一整天的飯之後，婦女們集結在收音機旁一起洗滌餐具。如同往常，我正在盡最大的努力逃離洗碗的工作，但那古怪的哭泣聲讓我停下了腳步。

一開始，那聲音聽起來像是一名教長（imam）在給大眾建言，教導大家要如何過品德高尚的日子。戒菸吧，他如此告訴男性。並且日日祈禱。婦女們低聲表達認同，我母親也不例外。

接著他開始哭泣。別再聽音樂了，他拜託道。別去看電影。別跳舞。停止吧，他拜託道，否則真主會降下另一場地震來懲罰我們所有的人。有些婦女開始落淚。前一年的地震所留下的可怕回憶仍鮮活地存在她們的心中；這群婦女之中甚至有人親手埋葬了她們的孩子及丈夫，心中的哀傷仍未止息。

我知道這個電臺毛拉說的不是眞話。地震是地質事件，可以經由科學的角度去解釋，我想這樣跟她們說。但這些多數未受過教育、遵守她們的宗教導師的教誨長大的婦女，內心充滿恐懼。當毛拉哭泣時，她們也隨之落淚。

就連回到學校，縱使我父親要我們別去聽，但我的朋友們所聊的話題還是那位電臺毛拉。我們那臺老舊的收音機壞了，所以我沒有聽到他最新的廣播，但我的親朋好友在家裡都聽他的節目，而我學校裡的朋友還能幾乎一字不差複誦他的晚間布道內容。他說所有的音樂都違反眞主的教誨（haram），是被伊斯蘭教義嚴格禁止的。唯有他的電臺節目獲得阿拉的許可。男性應當蓄髮留鬍，而非將它們理短，理成一種他稱爲「新潮」的樣式。他還說女人應該隨時待在家裡的深閨區中：她們只有在緊急情況下才能離家，此時必須穿著罩袍，並且一定要有一名男性親屬陪在身旁。

一開始，我母親很喜歡在親戚的陪伴下一起聽他布道——特別是在他提到每日禱告的必要性時。人們，尤其是女性，把他過度美化了。人們認爲他是神聖《可蘭經》的優良詮釋者，並崇拜他的個人魅力。他們喜歡聽他那些讓伊斯蘭教義起死回生的談話，因爲所有人都對那緩慢、腐敗的巴基斯坦法律系統感到灰心。他的支持者吟詠出乍聽之下美麗的詩歌，然而實際上，這些詩歌所傳遞出的訊息，卻是鼓吹女孩們主動停止去學校上課。

我父親從一開始就不認同他的說法。

「電臺毛拉休想告訴我什麼該做、什麼不該做。」「這個『毛拉』，」他斷定，「滿嘴胡說八道，只會給我們帶來麻煩。」

「別這樣說，」我母親告訴他。「你會惹眞主生氣。」

事後證明，我父親是對的。

他針對廣播裡的神祕男聲做了些調查。「這名『毛拉』連高中都沒畢業！他連一紙合格的傳教憑證都沒有！這個大家稱爲『毛拉』的人是在散播無知的言論。」

在廣播中說話的人爲毛拉那．法茲魯拉，他是TNSM的領導人之一。跟隨他的人在地震後幫助了許多災民，但他卻也藉著傷痕還未撫平的機會，將恐懼一點一滴的灌輸進他們的心中。

法茲魯拉很快地開始將矛頭指向個人。他公布了那些公開反對他的男性的姓名。有我們認識的人，也有我們不認識的人。有在河谷中推廣和平的人，更有人私下聊天時的內容被舉報。這些人全部都在一瞬間——而且是在公開的情況下——被指稱爲罪人。彷佛電臺毛拉跟他的徒眾能夠看透屋牆。

★

隨著我逐漸長大，要坐著去聽男性們談論大小事而不引起他們的注意相當困難。因此我會主動幫他們端茶——希望能藉此讓我聽見他們在談論些什麼。

在那一段期間，他們談話的主題只有兩個：電臺毛拉及離阿富汗邊境不遠處的戰爭。九一一的恐怖攻擊事件發生在我年僅四歲的時候，但奧薩瑪．賓拉登這個名字在我的成長過程中不斷出現。在我們國家，所有人都知道九一一跟奧薩瑪．賓拉登。據說他就是在不遠處的阿富汗境內策畫那些攻擊行動，而過去幾年間，美國政府及它的盟國不停發動戰爭，企圖能夠找到他——同時也想一舉打敗長期以來保護他的蓋達組織（al-Qaeda）和阿富汗的塔利班政府。

塔利班。一聽到這個詞彙，我的耳朵就會豎起來。我會想起跟父親在香拉時的對話。當時，塔利班聽起來像是某個位在遠方的東西，遙遠之地上的壞東西。多數我父親的朋友都認為，即便法茲魯拉廣受愛戴，又與在巴基斯坦的塔利班組織關係密切，但他們都還遠在天邊，不會成爲切身的困擾；但父親警告他們，塔利班的魔爪遲早有一天會抵達我們的河谷。「他們已經來到部落地區了，」他說，「他們正在逐步逼近。」然後他引用了一句諺語：「巨石雖未至，陰影已遮天。」

初期，法茲魯拉的腳步走得緩慢，但在地震之後的兩年間，不誇張地說，他的陰影鋪天蓋地而來。我正在長大，人生中第一次，我看見世界在我眼前開始改變，而且是往壞的方面。

每晚睡前，我都會跟眞主說話。*求求祢，眞主，告訴我我能做些什麼。雖然我只是一個小女孩，但也許祢手邊恰好會有件適合我的小任務？*

一天早晨醒來，我腦海裡有了計畫。等我到學校以後，我會不去聽那些跟法茲魯拉有關的八卦。我跟朋友們應該聊聊貝拉跟愛德華，或是印度電視節目「森巴里」中的女主角果果；如果這些話題日後被禁，我們還可以聊板球或煩人的兄弟或千百件其他事情。

但當我眞的到了學校以後，我的朋友們卻都擠在角落聊最新的布道內容。前一天晚上，法茲魯拉宣布所有的女子學校都違反了眞主的教誨。這個男人剛剛宣判我們和平的避難所是被神聖《可蘭經》嚴格禁止的。

那時，他不過是廣播電臺裡的一個聲音罷了。我們並不知道從那天起，他將會做得更絕，並發起一系列反對女校的行動。

7 史瓦特裡的塔利班

電臺毛拉持續針對那些他認定不符合伊斯蘭教義或過於西洋的事物提出反對。人們習慣聽他的廣播節目——許多人是爲了聽他唱名，以確保自己的名字沒有出現在名單上。藉著自己的非法廣播節目，他鼓勵父母拒絕爲他們的孩子接種小兒痲痺症的疫苗。他宣稱這種醫療上的援助出於惡意；他說這是西方國家想要傷害穆斯林孩童的陰謀。

但他不單只是插手醫療照顧與公開反對女校——他還威脅那些願意幫客人修剪成他稱之爲西式髮型的理髮師，也動手摧毀唱片行。他說服人們捐出他們的珠寶與錢財，他再藉由收集到的資金製造炸彈及訓練武裝分子。

我們親眼看過法茲魯拉的信徒，他們長髮蓄鬍，頭上纏著黑色頭巾、身上穿著白色的沙瓦爾·卡米茲，我們是在要去拜訪山區親戚的沿路小鄉鎮看見他們的。他的手下個個佩槍，不懷好意地走在大街上。但即便我們還沒親眼在明戈拉看過他的手下，我們卻能感受到他的存在。就如同他從天堂發聲，讓一朵陰暗的恐懼烏雲籠罩我們的河谷。

警方曾試圖阻止他，但卻反而使得他的力量變得更爲強大。二〇〇七年五月，他跟政府簽訂了一紙和平協定，聲稱他會停止反對接種小兒痲痺疫苗及女性教育的相關活動，也不會再攻擊政府資產，但政府得允許他的電臺節目繼續播放。

到了七月，一切都變了。

在我十歲生日前後，巴基斯坦軍隊包圍了首都伊斯蘭堡的一所伊斯蘭女子學校。一群反政府的行動派武裝分子現在手上握有人質，躲在拉．瑪斯吉德（Lal Masjid），也就是紅色清眞寺的伊斯蘭學校中。軍隊耗費了幾天的時間攻堅，許多人因而死去。在此之後，法茲魯拉發布了他最奇怪的聲明之一：他跟國家政府宣戰，並呼喚人民武裝起義。他所簽訂的那一紙和平協定成爲了過眼雲煙。

但政府對他不予理會，將他視爲一隻擾人的蒼蠅。而政府也連帶拋下了我們這些住在史瓦特、活在他的掌心中的人們。我們對政府的行爲感到憤怒，我們對這些試圖搗毀我們的生存方式的恐怖分子也感到憤怒，但我父親說，我們家也應該盡力去忽視這一切。

「就算只是爲了讓心裡好過，我們也一定要過完整的生活。」他說。因此，如同往昔，我們家晚餐時的對話偏重心靈層面：愛因斯坦與牛頓，詩人與哲學家。此外，如同往昔，我跟弟弟又開始搶遙控器、吵誰的分數比較高，什麼都要吵也什麼都能吵。某個角度來說，我可以忽略塔利班帶來的困擾，但我沒有辦法忽略這兩名煩人的角色。我告訴父親，跟兄弟吵架也是我完整生活的一部分！

很快的法茲魯拉就加入了鐵力克．塔利班．巴基斯坦（Tehrik-i-Taliban-Pakistan，簡稱ＴＴＰ），也就是巴基斯坦塔利班的陣營，同時宣布女性不得出入公開場所。他說家族中的男性應該強行實施這個命令，並且「對家族成員嚴厲控管，否則他們自己就要接受處罰。」

不到六個月的時間，街道上便怪異地看不見婦女的身影，因爲她們再也不敢出門購物。原先販售寶萊塢影片和兒童電影的ＤＶＤ商店紛紛拉下鐵門，暫停營業。法茲魯拉宣稱觀賞電影和電視節目都是犯罪，因爲如此一來女人就可以毫無顧忌地觀看男人，而男人就可以毫無顧忌地觀看女人，必須嚴禁這種行爲。

在他的徒衆的威脅下，人們相當害怕。有些人把他們擁有的電視、ＤＶＤ和ＣＤ帶到公共廣場，電臺毛拉的手下會在那裡將它們點火引燃。有不少傳言提到他的手下會開著小卡車巡邏街道，同時用擴音器大聲喊出他的命令。後來，我們聽說他的信衆會隔著門板偷聽人們的家中情形；如果聽見電視的聲響，他們就會破門而入，然後將電視機砸個粉碎。

放學以後，兩個弟弟跟我會在我們鍾愛的電視機前面縮成一團——電視音量調到只剩下細語。我們喜歡看電視節目，而且不瞭解爲什麼有好笑名字的摔角選手和有神奇鉛筆的小男孩會如此十惡不赦。但每當一聽到敲門聲響起，我們都會嚇得跳起來。有一天晚上當我父親回家時，我問他，「爸爸，我們家也需要把電視機燒掉嗎？」

最後，我們將電視機移到一座壁櫥裡。這樣一來，就算陌生人進門，至少他們就再也看不見它了。

事情怎麼會演變成這樣？爲什麼一個教育程度不高的狂人能把自己變成一個電臺神明？還有，爲什麼沒有人準備去挑戰他的權威？

★

在經歷這一切之後，卡須爾學校仍照常營運。有幾名同學離開了，但我們這些剩下來的學生更珍惜我們的教育資源了。我們班甚至舉辦了一場討論：雖然政府沒有盡到它的本分，但在處理班級事務時，我們有辦法更爲民主化嗎？我們想到了一個辦法：既然最用功的女生都坐在前排，那我們就每星期換座位。如果這星期你坐在前排，下星期你就會坐到後排。這有點像是一個遊戲，但這是我們用來表達所有的女孩——以及世界上的每一個人——都是平等的小小辦法。

但在學校的校牆外，明戈拉已成了一所監獄。上面寫著「禁止女性進入」的旗幟高掛在市場的入口處。所有唱片行和電器用品專賣店都停止營業。法茲魯拉甚至查禁了一種名爲「卡羅姆」——玩法是用手指將棋子彈過木製棋盤——的傳統兒童遊戲。

他開始在自己的廣播節目上公布曾去上學的女孩姓名。「甲小姐不會再去學校上課了，她會因此而上天堂，」他這麼說。或者是，「乙小姐決定不再接受學校教育了，我在這裡恭喜她的父母。」母親現在堅持不准我獨自走路去上學，她怕我自己一個人穿著制服時被塔利班撞見。

每天早上，我都會注意到又有幾個同班同學不見了。而每天晚上，法茲魯拉持續利用他的電臺節目發動攻勢，他說去上學的女孩都不是好穆斯林——都會下地獄。

有一天，學校的一名老師去找我父親，表達他不再爲女孩們授課了。另一位則說他要離職去幫忙法茲魯拉蓋宗教中心。那是灰暗的一天。一向是我們的避風港的卡須爾學校在電臺毛拉的陰影下淪陷了。

法茲魯拉設立了一個公開法庭來施行他的命令，而他的手下現在也開始對警員、政府官員及其他不服從他的命令的男女施以鞭刑甚或殺害。觀看鞭刑的民眾有好幾百人，隨著鞭子的每一下起落，他們的口中同時大喊著「阿拉呼．艾克巴」——眞主是全能的！聽說有時候法茲魯拉會在行刑過程中騎著一匹黑馬出現。

法茲魯拉的「執法」行爲多數都選在深夜。後來，在他的恐怖統治期間，「犯罪者」會從家中被拖出後直接殺害；他們的屍體會在隔天早上陳列在綠色廣場中。屍體上通常會釘上一張字條：這就是當軍方密探和不相信眞主的下場。

或是：早上十一點以前不准碰這具屍體，否則你就會是下一個。不久後，人們給綠色廣場起了一個新的名字：他們開始叫它血色廣場。

聽到這些故事讓我渾身發抖。我的城市怎麼會變成這樣？我們又會有什麼下場？

主啊，當我要去睡覺時，我對祂說，我知道祢正忙著處理世界上許許多多的大小事，但是祢有看見史瓦特這裡發生了什麼事嗎？

有一天晚上，我聽見父母們正在竊竊私語。「你一定要去做，」我母親說。「光是害怕解決不了問題。」

「在妳給我祝福以前，我不會離開。」我父親說。

「眞主會保護你，」她說。「因爲你說的是眞話。」

我從躲著的地方走出來，問他們發生了什麼事。我父親說，他當天晚上要去參加一個集會，他要公開反對塔利班。在那之後，他會遠行到伊斯蘭堡，譴責政府沒有保護它的人民。我的父親，一個平凡的校長，要挑戰這個國家裡最有權力也最危險的兩大勢力。而我的母親也支持他這麼做。

多數的帕什圖女性會哭泣、哀求，緊抓住她們丈夫的衣袖不放，但多數的帕什圖男性會無視他們的妻子。只有少數會先徵詢伴侶的意見。但我的父母跟其他的父母不同。我父親像是一頭獵鷹，他敢於飛翔到其他人不敢前往的地方，我的母親則會將她的雙腳穩穩地扎根於大地上。

我的任務，則是於父親不在的這段期間內，負責每晚鎖好家裡的大門。我會繞巡屋內一次、兩次，通常是三次，以確保所有的門窗都有上鎖。有時候，我父親會在很晚的時間回到家；有時則是不回家。偶爾他會在朋友家借住一晚，以防有人跟蹤他。他藉由跟我們劃清界線的方式保護我們，但他卻沒辦法教我們不擔憂。在那些日子裡，我整夜都能聽見母親的祈禱聲。

★

有一天，我跟母親還有兩個弟弟要遠行到香拉；我們家沒有車，一個堂哥要載我們一程。當路上的交通慢如蝸牛的爬行速度時，他播放一捲錄音帶來殺時間。忽然間，他彈出了卡帶，匆忙地把其他放在置物箱裡的錄音帶都聚集在一起。「快，」他對我母親說，「把這些都藏到妳的手提包裡。」

兩名男子走近我們的車。他們身穿沙瓦爾．卡米茲，又套上了黑色頭巾和身穿迷彩背心。他們長髮蓄鬍，佩帶了自動步槍。我跟這些塔利班面對著面。

他們正在逐輛尋找汽車上有沒有任何他們認爲違反伊斯蘭教義的物品。我們一個字都沒說，但我看見母親的雙手正在發抖：她的雙手緊抓住那藏有違禁品的包包。她拉扯頭巾，把臉部包裹得更嚴密，眼神則低垂，注視著自己的膝蓋。

一名塔利班傾身靠近後車窗。他的眼神盯緊了我的雙眼。「姊妹啊，」他對我們母女倆說，「妳們一定要穿上罩袍。妳們讓眞主蒙羞了。」

一名手持機關槍的塔利班就近在我眼前。爲什麼我會讓眞主蒙羞？我想問他。我是一個孩童，一名十歲大的女孩。一名喜歡玩躲貓貓跟閱讀科學叢書的女孩。當下我很生氣，但我知道跟他講理只會讓事情變得更糟。我知道自己應該害怕，但我卻只覺得沮喪。

★

當我們結束那次的香拉之行返家後，我們在學校的大門上發現了一封用膠帶黏貼起來、要給我父親的信。

它寫著：先生，你所經營的學校崇尚西方教育和異教思維。你幫女孩上課，而且校服也不符合伊斯蘭教的教義。停止你的惡行，否則你是在給自己找麻煩，到最後你的孩子會哭著幫你送終。

上面署名伊斯蘭游擊隊（Fedayeen of Islam）——伊斯蘭教的狂熱分子。

塔利班威脅了我父親的性命。現在我開始害怕了。

8 危機四伏

我父親在隔天的報紙上發表了一封回覆塔利班的信件。

他寫道：請不要傷害我們的學童，因爲你們所信仰的眞主跟她們每天禱告的眞主是同一位。你可以奪走我的性命，但請不要殺害我們的學童。

他的信件出現在報紙上——還刊載了他的全名和我們學校的地址——即便我父親只寫上了他的姓名。

我們家的電話從那晚開始響個不停。朋友們打電話來感謝我父親勇敢發聲。「你朝一潭死水中丟下了第一顆石頭，」其中一名說道。「現在許多人有勇氣站出來說話了。」

但實際上卻只有少少的幾個人眞的這麼做。

我父親向來都是個大忙人。參與「穆夏伊拉」（mushaira），也就是詩詞發表會；

在學校工作到很晚；協調鄰居的紛爭。但現在，當他離開家時，我感覺自己就像三歲時候的我，當時他會爬梯子下到學校井裡去修打水幫浦。我每晚都在想他會不會回家。

在那封威脅信件之後，我父親做了一個決定：卡須爾學校的男孩制服不再穿襯衫和長褲。這些可能過於「西化」的衣服看在法茲魯拉的信徒眼中會認定他們等同異教徒，因此為了他們的安全著想，他讓男孩子們穿回沙瓦爾．卡米茲式的傳統寬鬆衫褲。我依舊穿著藍色與白色的沙瓦爾．卡米茲，但塔利班說女孩子不應穿著白色的沙瓦爾。我曾經鍾愛的制服現在讓我覺得自己像名罪犯。忽然間，在我目光所及之處，塔利班都如雜草般遍布各地。

後來我心想：我究竟是做錯了什麼事，為什麼要害怕？我只不過一心想上學而已。這又不犯法。這是我的權利。除此之外，我還是齊奧汀．優薩福扎伊的女兒，他可是敢向塔利班回嘴的男人。縱使心中害怕恐懼，我還是會抬頭挺胸。

★

二〇〇七年十月的秋天，發生了一件為我們帶來希望的事情：班娜姬．布托，巴基斯坦首位女性總理，要回國來參加當年度的大選。從我兩歲開始，她就在英國過著流亡海外的生活，但這些年來她的消息仍時常會傳到我們的耳中。身為一名女性，她對像我這樣的女孩來說如同偶像。而她也是唯一一位敢鼓起勇氣譴責恐怖分子的政治家。當電視在播放她返國的新聞時，我們全家都黏在電視機旁。我們看著她在離開近九年後，因為終於踏上巴基斯坦的土地而流淚。我母親深受感動，同時也擔心她的安全。她對著電視機說：「妳是回來送死的嗎？」每一個人都知道她回國的舉動有多危險，但我們都期盼她能夠安全無虞。

她回國後不久，不過才經過區區兩個月，她就死了。這件事情就發生在我眼前，當時我正盯著電視機上的她。

「我們會善用人民的力量，來擊垮這些崇尚極端主義的武裝分子的惡勢力。」她如此宣布。緊接著，她站在防彈汽車的座位上，向支持者揮手致意。

子彈的炸裂聲與爆炸的轟隆聲隨之出現。我屏住呼吸看著她的身體沉入車中。我母親、我父親，還有我的祖母都淚流滿面。班娜姬．布托是第一位被恐怖分子襲擊的女性。雖然我們都為她感到擔憂，但我們沒料到他們居然會對一名女性下手。帕什圖法中嚴格禁止殺害女性，這情景我們都非常震驚。

我發現自己出奇地冷靜。我腦海中的第一個念頭是：如果班娜姬．布托都會被殺死，那沒有一個人是安全的。

在巴基斯坦過日子的百姓沒有一個是安全的。無論是在自己的家鄉不准走上街道的女性；無論是因小到不能再小的理由而被鞭打致死的男性；無論是在垃圾堆裡謀生活的孩童；就連像我這樣只是想上學的孩子，都無法安心地活著。

就在我看著電視的同時，在我心中有一個微弱的聲音對我耳語：「爲什麼妳不站出來爲女性的權利奮鬥呢？爲什麼妳不爲了改善巴基斯坦的現況而奮鬥呢？」

我最近才接受了黎明電視新聞頻道與凱博新聞的採訪，主題是女孩的教育，雖然我很緊張，但我仍撐了過去，而且我喜歡那種感受。

當我身邊的每一個人都在哭泣時，我藏起了心中的祕密。我告訴自己：「這場爲了在我的祖國爭取和平與民主的戰役，我會繼續走下去。」

我當時只有十歲，但我知道自己會找到一條出路。

襁褓中的我。

年紀還小時，已經很愛漂亮了。

與我的弟弟卡須爾在明戈拉。

我與弟弟卡須爾在看書。

我的祖父與我和卡須爾在我們明戈拉的家中合影。

與卡須爾享受在香拉的瀑布景致。

下雪的明戈拉。

弟弟阿塔爾的生日派對，
在我們明戈拉的家。

和弟弟們打羽球。

美麗的史瓦特河谷。

史瓦特的其中一座佛塔。人們相信佛塔是同時能把先古遺跡與佛陀連結在一起的構造物。

最初，人們捐了大筆金錢給法茲魯拉。

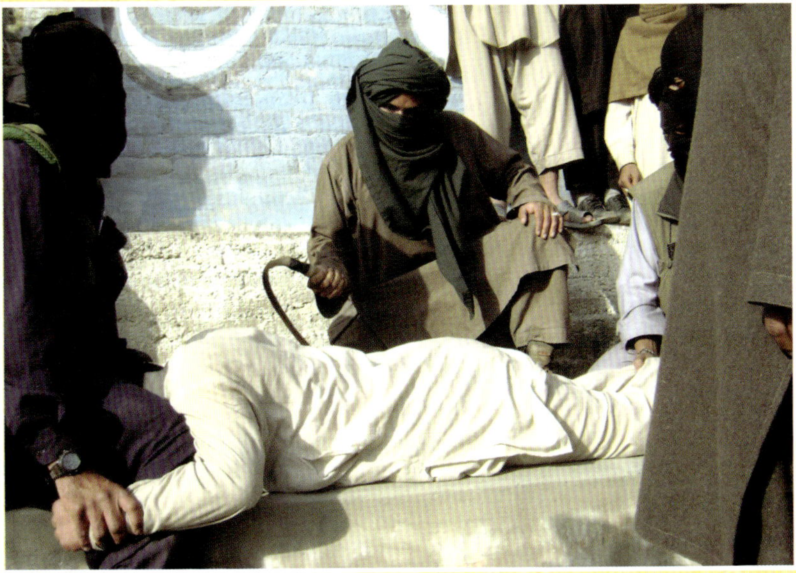

塔利班公然的對人民施以鞭刑。

成績最好的學生得到獎章。
（Copyright © Sherin Zada）

在學校的話劇表演。

與我在學校獲得的獎盃合影。

我十二歲時所畫的圖，是在我們成爲國內難民後，再次返回史瓦特時所畫的。圖畫說明了我希望不同信仰之間能和睦共處的夢想。

我幾乎年年被選爲班級監考人。

在卡須爾學校，學生在教室外等待學科成績公布。

9 天降糖果

二〇〇七年秋天的某日，我們原本好端端地坐在教室裡面，但我們聽見外頭有駭人的轟隆聲。學生和老師每一個人都跑到了操場，然後抬頭望。一大群黑色的大型直升機在我們頭頂的天空形成黑壓壓的一片。直升機攪動著我們身旁的風，捲起一陣沙塵。我們遮住雙耳，試著用吼叫的方式跟別人說話，但我們的聲音淹沒在那巨大的聲音之中。

然後我們聽見腳邊傳來某種東西落地的咚咚聲。咚！咚！咚！我們尖叫出聲，接著我們手舞足蹈。是太妃糖！士兵們正丟下糖果給我們。我們一邊大笑一邊分散開去接太妃糖。

我們欣喜若狂，以至於花了一些時間才理解現在的情況。這些軍隊是要來從法茲魯拉的魔掌中救出史瓦特的！我們歡叫又拍手又跳上跳下。糖果從天上掉下來了！和平要降臨史瓦特了！

很快就到處都看得到士兵。直升機甚至就停放在明戈拉的高爾夫球場上。過去這段期間，我們都在祈禱有人能夠站出來對抗法茲魯拉和他那些頭戴黑色頭巾、手持自動步槍的手下。但現在，我們的城鎮裡卻滿是身穿綠色制服、手持自動步槍的男子。

幾乎一夜之間，法茲魯拉的手下們如融雪般全部消失。不過我們雖然看不到他們了，但還是知道他們仍在不遠處，僅撤退幾公里遠而已，而明戈拉市的情勢依舊緊繃而嚇人。每一天放學之後，我跟兩個弟弟會賽跑回家，隨即鎖上大門。在巷弄間打板球的日子不再；在街道間玩躲貓貓的日子不再。糖果，也不再從天而降。

★

有一天晚上，我們聽到清真寺頂上的擴音器發出一則宣告。軍方決定實施宵禁。我們不知道「宵禁」這個字是什麼意思，因此我敲了敲連接賽費娜家的那堵牆，這樣就會有人走近牆上的那個洞，然後解釋給我們聽。很快地，賽費娜跟她的母親、兄弟都跑來我們家並告訴我們，宵禁的意思就是白天時，我們得在特定的時間內留在家裡，不得外出；夜晚時分則幾乎都不能出門。兩個弟弟和我都很害怕，我們連房門都不敢出去。我們留在房裡，從窗簾的隙縫中向外偷看著屋前空蕩蕩的大街。

那晚，一絲明亮的白光閃現天際，瞬間照亮房間，就像拍照時的閃光燈一樣。砰！重擊聲搖晃了大地。我跳離開我的床，衝進我父母的房裡躲著。卡須爾和阿塔爾也跑過來加入我們。全家人都發抖著摟抱在一起。杯盤叮噹響，家具晃動，窗戶搖個不停。接著，幾分鐘後，軍方的槍砲聲在市郊砰砰作響。隨著每一聲爆炸和槍擊，我們把彼此抓得越來越緊，直到我們昏昏沉沉地睡去。

隔天早上，我們彷彿從一場斷斷續續的大夢中醒來。經歷了徹夜的轟炸聲後，氣氛顯得異常寂靜。我們想都不敢去想。有可能軍方已經擊敗塔利班了嗎？我們從柵門處往外窺看，看見附近聚成一群又一群的人們正在交頭接耳。我父親去探聽發生了什麼事。回到家裡時他面有難色。街上的傳言是這麼說的：塔利班即將占領史瓦特，軍方的行動宣告無效。我們的心沉了下去。

軍方派遣了超過一萬名士兵加入戰局，戰火卻不停息，夜復一夜的持續了一年半。我總是第一個跑去找父母的，我的兩個弟弟則是緊跟在後。由於床鋪太擠，我只好睡在地板上的一疊毛毯上。（即便戰爭仍在繼續，我還是會因爲自己的位置被那兩個弟弟搶了而生氣！）雖然聽起來很奇怪，但我們逐漸適應了這持續不斷的砲火。有時阿塔爾甚至當作耳邊風，而卡須爾和我則想出一套分辨戰事遠近的模式。如果戰事發生在附近，那就會停電；如果是發生在比較遠的地方，電力就不會因而中斷。

戰鬥進行的方式共有三種，而我們學會了如何去區別它們。只有塔利班會使用炸彈，有時是透過遠距離引爆，其他時候則是透過自殺炸彈客。從直升機上砲轟或是從山頂上利用大砲來攻擊的是軍隊。第三種攻擊方式是藉由機關槍，這部分雙方都會使用。

夜晚時我通常都很害怕，尤其是在砲火正當猛烈的時候。當我人在父母房間地板上的床位時，我會唸誦一段神聖《可蘭經》上的特別經文——〈阿雅特．歐．古爾西〉（Ayat al-Kursi）。唸誦三次，它就能保佑你家免受惡魔或任何危險的侵害。唸誦五次，你的鄰里就會受到保佑。唸誦七次，你所居住的整個城鎮就會平平安安。我唸誦了七、八、九次，次數多到我都數不清了。然後我會跟眞主說話。請保佑並保護我們，我會這麼講。保佑我的父親跟我們全家。然後我會糾正自己。不對，保佑我們的街道。不對，保佑我們的社區。保佑整個史瓦特。然後我會說，不對，保佑整個巴基斯坦。不對，不只是巴基斯坦。請保佑全世界。

我試著塞起自己的耳朵，並想像我的祈禱會飄上天空，傳達給眞主。也許是因爲這樣的原因吧，每天早晨我們醒來時都能安然無恙。我不知道由我代禱的其他人是否也安好，但我希望每一個人都能平安，特別是希望和平能降臨史瓦特。

有一天我的禱告有了回應。雖然軍方沒有戰勝，但他們至少逼得塔利班藏匿起來，可是卻仍未遠離。

10 二〇〇八：恐怖主義帶給我的感受

從某個角度來看，即便爆炸與殺戮不斷，日子還是一樣一天天過下去。學校依舊是這個戰火未止息的瘋狂城市中的避風港。不過接二連三的爆炸事件與宵禁（一天當中的任何時間都有可能實施）使得我們不能常有機會去上學。有時候直升機從頭頂上飛過的吵雜聲則會讓我們什麼都聽不見，在那些日子裡，我們就會被送回家。但只要學校的大門敞開，我人一定會出現在那兒，並準備好跟朋友們共度時光，以及從老師口中學習新知。

朋友們和我現在都升到了國中部，而我們之間的友誼競賽也變得更爲激烈。我們不只想拿好成績，我們更想名列前茅。

這不僅只是因爲我們想成爲第一名而已——雖然當奪魁的時候我們的確一個個都樂在其中。而是因爲當我們的老師，例如小學時的烏爾法小姐，說「太棒了！」或「做得好！」時，我們就會覺得輕飄飄的。因爲當一名老師誇獎你的時候，你會覺得，我是大人物！在一個人們認爲女性軟弱無力，除了做菜和打掃之外什麼也不會的社會中，這樣的誇獎會讓你覺得，我是有能力的。當一名老師告訴你，所有的偉大領袖和科學家都曾經是孩子時，你會覺得，說不定明天我也會成爲偉人。在一個許多人認爲送女孩子去讀書是一件浪費時間的事情的國家，唯有一名老師能夠幫助你追逐自己的夢想。

而我也在國中部新找到了一位超棒的老師，就是我們的校長瑪麗安女士。她既聰明又獨立——她擁有我渴望的一切特質。她有大學學歷，有一份能養活她自己的工作。

因爲我們現在升到了高年級，因此學科變得更困難。我們的課程有代數、化學，還有我最喜歡的物理。縱使我們的老師只有黑板和粉筆，我們卻能任由自己的好奇心航向無止境的遠方。當我們在上化學課時，一名女孩打斷課程，提了一個問題：「如果所有的事物都是由原子組成的，那原子又是由什麼東西組成的？」另一名學生則問：「如果電子隨時都在移動，爲什麼我現在坐的這張椅子不會跟著動？」這個教師把當天的課程都先擱到一邊，讓我們全班都得以盡情提問。

但在那些日子裡，我們最常提起的話題其實是軍隊和塔利班。史瓦特的全體居民都深陷其中。一個朋友很喜歡講一句話來煩我，「塔利班是好人，軍隊不是好人。」而我總是這樣回答：「當你被迫夾在軍隊與好戰分子之間，那一點都不好。」

★

從學校返家的路途如今變得緊張又可怕，當我終於安全到家時，我只想好好放鬆一下。有一天，我比兩個弟弟早到家——我很開心自己這一次總算不用跟卡須爾搶遙控器——便坐著看我最喜歡的電視節目「夏拉拉特」，這個詞的意思是「仙子愛搗蛋」。雖然這不過是一部寶萊塢的喜劇，但我超愛看。

我轉開電視，竟只看到一片雜訊。我轉到其他臺，只看到更多的雜訊。我嘗試轉到每一個頻道，除了雜訊以外一無所有。一開始，我以為不過又是另一次煩人的斷訊；我們每天都要經歷一樣的情況。但到了當天晚上，我們才發現法茲魯拉的手下把所有的有線電視頻道都關掉了。他們說電視違反伊斯蘭教義；它展示出了一個深受西洋文化影響的世界，在那裡面，女性常有婚外情，也絲毫不去遮掩她們的頭髮。除了政府提供的官方電視臺節目之外，什麼也看不到，我們根本等同與外界失去聯繫。

★

同時間，法茲魯拉則繼續廣播他的布道。女孩子應該留在家裡，他如此教訓。我們盡全力無視他的存在，直到那天我回到家，發現父親把頭埋進他的雙手之中。「喔，親親，」他說，「這個世界已經瘋了。法茲魯拉跟他的手下把位在馬塔的女校炸掉了。」

我的心都涼了。法茲魯拉摧毀的學校是一所小學，根本就沒有提供任何青少女的課程。他趁著夜色炸毀那所學校，雖然當時校內空無一人，但他是一個多麼殘忍的人啊，把燃燒彈扔進一個幼童只想學習讀寫和算術的地方。爲什麼？我在想，爲什麼學校建物會對塔利班構成任何威脅呢？

我輕聲爲那些失去學校的幼童做了一個簡短的禱告，而我所做的另一個禱告則是希望能保佑卡須爾學校。*求求祢，眞主，我如此禱告，請幫我們保護我們的河谷，並阻止類似的暴力行爲發生。*

法茲魯拉的手下每一天都會襲擊一個新的目標。商店、道路、橋梁，以及學校。多數的攻擊都發生在明戈拉以外的地方，但很快就慢慢逼近。越來越近。有一天我在廚房洗碗——我盡力去避掉這種家務——一枚炸彈在不遠處爆炸，整棟房子搖個不停，就連窗戶上的電扇都掉了下來。在我還沒來得及反應之前，電力就被切斷了。我熟悉這種模式——先是爆炸，然後就黑漆漆的一片。塔利班轟炸我們，造成電力中斷了至少一個小時。

幾天之後，塔利班再次發動攻擊。他們最後一次的攻擊行動讓不少人喪生，其中一位死者的喪禮就在鄰近一座建物中舉行。當前往弔唁的人聚集在一起致意時，一名自殺炸彈客忽然引爆。超過五十五位民眾因此死亡，其中也包含了莫妮芭的家族成員。

我聽著恐怖主義一詞長大，但我從未眞正理解它的意涵。現在我懂了。恐怖主義和士兵在戰場上互相對戰的「戰爭」不同。恐怖主義是環繞著你的恐懼。它就是你在夜晚入睡，卻不知道明天會發生什麼恐怖的事。它就是你跟家人選擇在住屋最中心的房間擠在一塊，因爲你們一致認爲那裡是最安全的地方。它就是你隻身走在熟悉的街道上，卻不知道還能相信誰。恐怖主義就是擔心你的父親早上走出家門，晚上卻遲遲未歸。

如今到處都是敵人，恐怖攻擊隨處都可能發生。有天早上一間商店被摧毀了，隔天是一棟房子。謠言四起。店主招惹了法茲魯拉，還幫了軍方的忙。被選中的房屋屋主是名政治活躍分子。一座橋某天被炸了，隔天則是一所學校。任何地方都不安全。任何人都不安全。

我們家試圖繼續過正常生活，但心裡卻一刻都不得安寧。爆炸事件成了我們日常生活的一部分，這讓我們每次聽到爆炸聲都會做出同樣的反射動作。我們會一一呼喚所有人的名字，確保大家都平安無事。「帥哥、喵喵、嫂嫂（bhabi）[6]、卡須爾、阿塔爾！」我們大叫。接著我們注意聽警報聲。接著我們禱告。

這種隨時可能大難臨頭的經驗促使我們去做反常的事情。我父親開始每晚選擇走不同的路回家，以防有人在研究他回家的固定路線。我母親會避開市集，而我的兩個弟弟則是連陽光普照的日子也不敢出門。由於有兩次在我們家附近發生的爆炸事件剛好都是我待在廚房時遇到，因此我都會盡可能離那裡越遠越好。但當一個人害怕自己家中的某個空間時，她要怎麼在那間房子裡過活呢？如果市場也是打仗的區域，一個母親還能上哪兒去買菜好餵飽一家人呢？如果炸彈無所不在，孩子們還能上哪兒一起打板球呢？

夜晚是最可怕的。當黑夜降臨，每一個吱嘎聲都會讓我們擔憂害怕，每一個暗影都會讓我們嚇得跳起身子。法茲魯拉的手下大部分都選在夜晚發動攻擊，尤其是要摧毀學

6 在帕什圖人的文化中，每個男人都是你的兄弟，每個女人都是你的姊妹，「嫂嫂」因此成了親暱的稱呼，在這裡則作為馬拉拉的母親的綽號。

校的時候。因此每天早上，在我走進卡須爾學校的拐角之前，我會閉起雙眼禱告，深怕張開眼睛就看見學校已在一夜之間化爲沙土。這就是「恐怖主義」帶給我的感受。

單單二〇〇八這一年，塔利班就炸毀了兩百所學校。自殺炸彈客攻擊與狙殺事件成了家常便飯。唱片行大舉關閉，女兒或姊妹都被他們的家人禁止去上學。在齋戒月的期間，住在明戈拉的人沒電也沒瓦斯可以用，因爲法茲魯拉的手下炸掉了供電系統及瓦斯管線。

有一天晚上，當一個爆炸聲響離我們家特別近時，我走到父親的身旁，「你現在會害怕嗎？」我問他。

「入夜以後我們的恐懼會增強，親親，」他告訴我。「但天亮了之後，在光芒中，我們會再次找到自己的勇氣。」

第 三 部

我的發聲之路

11 開口的機會

不分日夜，我父親的勇氣從不動搖，就連他收到恐嚇信件或好友的警告也不為所動。在轟炸學校的事件接二連三發生的當下，他公開譴責他們的行為；他甚至在一所學校被轟炸過後仍冒著煙的狀況下親身造訪。他在伊斯蘭堡與白沙瓦間不停來回移動，懇求政府伸出援手並公開譴責塔利班。

我看得出母親隨時都很擔心。她會在我們要出門去上學前抱緊我們、為我們祈禱，而我們一回到家她也會再做一次。她會在手裡握著電話的情況下坐到很晚——克制自己不要每小時都打電話給父親。

她跟我們談論若塔利班真的找上門來，她打算如何應對。她認為她可以在睡覺時將一把小刀藏在枕頭下面。我說我可以悄悄溜進廁所報警。我想起那支自己以前常希望真主能賜給我的神奇鉛筆。事隔已久，現在正是實現我的任何一個願望的大好時機。

在學校，朋友跟我在思考我們能夠做些什麼。因此在瑪麗安女士和我父親的幫助下，我們開始透過散文與演講來表達我們對塔利班摧毀女校的一系列行爲的感受，以及卡須爾學校對我們來說有多重要。我們籌畫了一場聚會，如此一來我們就能發表各自的演說；我們稱它爲和平集會，但與會者實際上只有我們這些人數不多的高年級女學生而已。

聚會那天，一名帕什圖電視臺的工作人員來到我們學校。我們又驚又喜，我們沒想到竟然有人會關心一群青少女對和平的看法。有些女孩會緊張，但因爲我在當時已接受過幾次訪談，因此我對上鏡頭一事稍微比較適應，但其實老實說，我還是會緊張啦。

卡須爾學校施行民主制度，所以每一個女孩都有機會發表演說。年長的女孩優先。她們提及那些因恐懼而離開學校的朋友們。她們也提及我們有多熱愛學習。

接著輪到莫妮芭。莫妮芭，我們學校的演講比賽冠軍往前走上臺，說話語調如同一名詩人。「我們帕什圖人向來尊崇宗教信仰，」她說道。「但由於塔利班的關係，現在全世界都認爲我們是恐怖分子。事實並非如此。我們性好和平。我們的高山，我們的大樹，我們的花朵——在我們河谷中的一草一木都象徵著和平。」

莫妮芭的演說結束之後就輪到我了。我口乾舌燥。我很焦慮，以往我接受訪問時也都會這樣，但我心裡知道這是一個宣揚我們關於和平與教育信息的大好機會。當他們把一只麥克風放到我眼前時，字句開始流瀉而出——肯定而沉穩，堅強而驕傲。「現在不是石器時代，」我這麼說。「但人們卻覺得時代在退步，女孩的權利被嚴重剝奪。」我說到自己多愛我們的學校，也說到繼續學習的重要性。「我們誰也不怕，我們會繼續自身的教育。這是我們的夢想。」在那個瞬間，我忽然明白正在說話的人不是我，馬拉拉；我的發言代表了許許多多其他想說話卻開不了口的人們。

麥克風的存在讓我覺得自己宛如在對全世界說話。我只在地方電視臺與報紙上說過話，但是，我仍覺得風會將我的一字一句吹向遠方，就如同它在春天時會把花粉吹得四散，讓種子得以滿布大地。

同時我也開始養成一個有趣的習慣：我有時會發現自己看著鏡子在發表演說。

我們位在明戈拉的家裡經常擠滿了來自香拉的親戚，他們也許是來看醫生，或是來做一些採買。廚房裡擠滿了說三道四的嬸姨。客房裡擠滿了在爭論的叔伯。家裡擠滿了在玩樂、哭泣、爭執的小孩。眼見這些混亂事態席捲而來，我便躲進浴室裡盯著鏡子看。然而，當我的眼睛看著鏡子時，我沒有看到自己。我看見好幾百人正在聽我說話。

我母親的聲音會將我從白日夢中喚醒。「喵喵，」她會這麼說。「妳待在裡面做什麼啊？家裡的客人想用洗手間。」

有時當我意識到自己是在跟廁所中的鏡子發表演說時會覺得自己很呆。「馬拉拉，」我會對自己說，「妳在做什麼呀？」

我在想，也許我仍是那個會對著空蕩蕩的班級講課的小馬拉拉吧。

但也許不只是如此。也許那個鏡中的少女，那個幻想跟世界對話的女孩，就是我想成爲的馬拉拉。因此在我們的史瓦特被攻擊的二〇〇八那一整年，我並沒有保持沉默。我在地方與國際性的電視頻道、廣播和報紙發表言論——我公開對任何願意聆聽的人說話。

12 女學生日記

「在一月十五號過後，女孩子，不分長幼，都不准去學校上課。倘若不從，你們應該知道我們會怎麼做。家長跟學校的校長應負擔起此事的責任。」

這是電臺毛拉在二〇〇八年十二月發表的消息。一開始，我以爲這不過又是他瘋狂的宣言之一而已。現在是二十一世紀耶！一個人怎麼可能有辦法阻擋超過五萬名女孩去上課呢？

我是一名樂觀的人，我朋友們也許會認爲我過度樂觀，甚至到了有點誇張的地步。但我只是單純地不認爲這個人有辦法阻止我們。上學是我們的權利。

針對他的宣言，我們在課堂上展開一連串的辯論。「誰阻止得了他？」其他女孩這麼說道。「塔利班已經炸毀了好幾百所學校，也沒看見誰出來做點什麼。」

「我們可以，」我說道。「我們會要求我們的政府出來解決這混亂的局面。」

「政府？」一名女孩說道。「政府可是連法茲魯拉的電臺都關不掉！」辯論的攻守一波又一波。我毫不讓步。但就連對我自己來說，我的論點聽起來都稍嫌薄弱。

女孩們開始一個接著一個不來上學。她們的父親禁止了她們；她們的兄弟禁止了她們。

不出幾天時間，我們年級的人數就從二十七名女孩掉到僅剩十名。

我既悲傷又沮喪，但我也瞭解了，在我們的文化中，女孩不會起身反抗家族裡的男性。而我明白，這些要我的朋友們留在家中的那些父兄叔伯，是爲了保全他們自身的安全才會這麼做。這樣的情形有時難免讓我有點難過，難免讓我覺得這些選擇把女孩子關在家中的家庭輕而易舉的就對法茲魯拉投降。但每當我發現自己沉浸在挫敗感裡時，我就會跟眞主有一番對話。*主啊，請讓我們對僅存的學校歲月心存感激吧，並賜給我們勇氣，讓我們得以爲了爭取更多的權利而奮戰。*

★

學校原本應該在一月的第一個星期結束所有的課程，讓我們放寒假，但我父親決定要延後放假。我們的課程會延長到一月十四日爲止。如此一來我們就可以把握剩下的每一分每一秒。而我們班上剩下的十名女孩會在每一天放學後在操場逗留，因爲這很有可能是我們最後一次相聚的機會。

那陣子回到家的晚上，我都在想如果我不能上學了，我該如何規劃自己的未來。學校裡有名女孩在法茲魯拉宣告之前就已經被嫁掉了。她十二歲。我知道自己的父母不會這樣對待我，但我仍在想，我該做什麼呢？整天關在家裡，跟外面的人區隔開來，過著既沒有電視可看也沒有書好讀的日子然後終老一生？我要怎麼做才能完成自己的學業，成就我當時最大的夢想：成爲一名醫生呢？我玩起自己的鞋盒娃娃，然後心想：塔利班想要將巴基斯坦的少女都變成一模一樣、毫無生命的娃娃。

當我們這些女孩在細細回味一月十五號前的美好時光時，法茲魯拉發動了一次又一次的攻擊。前一年的日子很艱辛，但二〇〇九年的一月份卻是我們生命中最黑暗的日子。每天早上上學的時候，都會有人聽聞一宗殺戮事件，死者有時是一人，有時是兩人，有時是三人，都發生在一夜之間。法茲魯拉的手下殺害了一名住在明戈拉的婦女，因爲他們說她「在作法哈什（fahashi）」，也就是行爲不檢點，因爲她的職業是名舞孃。他們還殺了河谷中的一名男性，因爲此人拒絕像塔利班一樣穿褲時把褲頭拉高。而現在，我們將被禁止上學。

一天下午，我聽見父親正在講電話。「所有的老師都拒絕了，」他說道。「他們很害怕。但我會再想想辦法。」他掛上電話後就衝出了家門。

一位在BBC，也就是極具影響力的「英國廣播公司」（British Broadcasting Corporation）體系底下工作的朋友希望能找到一個校內的學生在該公司的烏爾都語（Urdu）網站上撰寫日記，描述塔利班統治下的生活面貌——看是要找一名教師或是一名較年長的學生。所有的老師都拒絕了，但瑪麗安的妹妹阿依莎，學校較年長的女孩之一，她同意了。

隔天我們家來了名訪客：阿依莎的父親。他不准他的女兒出來講她的故事。「這太危險了。」他說道。

我父親沒跟他爭辯。塔利班很兇殘，但就連他們都不會傷害孩童，他想這樣回他。不過他還是尊重阿依莎父親的決定，並準備好打給BBC，跟他們說這個壞消息。

我當時只有十一歲，但我說：「怎麼不選我？」我知道他想找年紀比較大的少女，而不是名女孩。

我看著父親滿懷希望又緊張的臉龐。長期以來，他總是心無所懼的公開說話。但在國內或地方性的媒體上說話是一回事，這份日記可能會被住在巴基斯坦以外的人看見。畢竟是放在BBC的網站上。我父親一直都是我的支柱，我能成爲他的支柱嗎？我連想都不用想就知道我可以。只要能繼續上學，我什麼都願意去做。但我們得先去找母親商量這件事。

如果這會讓她很害怕，我就不會去做。因爲倘若得不到她的支持，我就會像是說話時缺少了半顆心。

但我的母親同意了。在回答我們的同時，她也引用了一段神聖《可蘭經》上的經文。「謊言必敗，」她說道。「而眞理必須向前進。」她說眞主會保佑我，因爲我的使命是良善的。

許多住在史瓦特的人放眼看去只見到危險，但我的家人用不同的眼光來看待人生。我們看見的是可能性。而我們也感覺到一股要爲家園站出來的責任感。我父親跟我都是浪漫主義者。「世事一定會變得更好，」我們經常這麼說。我母親是我們的基石。當我們的頭探向天際，她的雙腳則穩踏大地。但我們都相信希望。「把話大聲說出來是改善現況的唯一辦法。」她如此說道。

我以前從來沒寫過日記，不知道如何下筆，因此ＢＢＣ的特派員說他會從旁協助我。他得透過打我母親的電話才有辦法聯絡我，因爲雖然我們家裡有電腦，但是電力常中斷，而且明戈拉只有少數地區有辦法使用網路。第一次打電話給我的時候，他告訴我他使用的是他太太的電話，因爲他自己的電話被情報組織監聽。

他提議要我使用假名，這樣塔利班才不會知道這些日記是誰寫的。我其實不想改名，但他擔心我的人身安全。這就是爲什麼他幫我選了一個筆名：高爾．瑪凱，它的含意是「矢車菊」，同時也是帕什圖傳說中一名女英雄的名字。

我的第一篇日記發表於二〇〇九年一月三日，約是法茲魯拉所提出的最後期限的兩星期前。文章的標題是「我很害怕」。我寫到在耳朵不停被鎮外山丘上的爭戰聲轟炸的情形下要讀書或入睡有多麼困難。我還描述了當我每天早上走路上學時總會害怕地回頭，擔心有塔利班的成員尾隨在我身後。

我躲在自己的臥室裡，利用一個祕密身分寫下這些文字。感謝網路的存在，讓這些正在史瓦特發生的故事能夠讓全世界的人都看得到。這就有如眞主在多年以後終於實現了我的願望，賜給了我那支神奇的鉛筆一樣。

在下一篇文章中，我寫到學校是我生活的中心，以及當我穿著校服在明戈拉的大街上行走時，心中有多麼的驕傲。

成爲高爾．瑪凱一事讓我很興奮，很難克制自己去保守這個祕密，特別是人在學校的時候更難。大家聊天的核心都是這位不知名的巴基斯坦女學生所寫下的日記。一個女孩甚至把內容列印下來，拿給我父親看。

「寫得眞好。」他邊回答邊露出了會心的微笑。

★

隨著學校必須關閉的威脅逐漸成爲現實，我更加珍惜這些僅剩的日子。在接近最後一日的那幾天，由於校方覺得穿著制服太危險，因此決定讓我們穿便服上下課。我決定不在法茲魯拉的威脅下躲躲藏藏。我會遵循不穿制服的規定，但那天我選了一套亮粉色的沙瓦爾．卡米茲。

才剛踏出家門，我就猶豫是否該掉頭回家。我們聽過不少住在阿富汗的人會把強酸潑灑在女孩的臉上的故事。雖然這裡還沒有發生過類似的事件，但有鑑於目前爲止曾發生過的各種事情，它看來也不是不可能發生。不過最後我的雙腳依舊大步邁前，一路走去上學。

明戈拉成爲了一處奇怪的地方。槍砲聲成了背景噪音，大街上幾乎沒有行人。（當你眞的看見人時，你又不免會想：這個人可能是恐怖分子。）而一名身穿粉紅色沙瓦爾・卡米茲的女孩偷偷摸摸地去上學。

★

BBC特派員要我在下一篇日記中提供更多跟史瓦特有關的消息。我不知道該告訴他什麼。他要我寫下那些殺戮事件。這顯然對他來說算是新聞，但對我來說，每天都會經歷到的事情早已算不上是「新聞」了。

當時就好像我對恐懼已經免疫。直到有一天，在我放學回家的途中，我聽見一名在我身後的男子說：「我要殺了妳。」我的心跳好像停止了，但雙腳仍不由自主地繼續往前走。我加緊腳步，直到自己已超前他許多。我跑回家，關上門。接著，幾秒過後，我往外偷看他。他就在那兒，根本沒注意到我，他正在對著電話那頭的某人大吼大叫。

我小小嘲笑了自己一番。「馬拉拉，」我告訴自己，「有很多貨眞價實的事情等著妳去害怕。妳不需要去想像那些根本不存在的危險來嚇自己。」

對我來說，實際的擔憂是自己的眞面目被揪出來。當然囉，第一個猜出高爾．瑪凱的眞實身分的人是莫妮芭。「我在報紙上讀到一篇日記，」有一天下課時她對我說道，「那內容聽起來很像是我們的故事，我們學校所發生的事情。其實是妳寫的，對吧？」她問我。

我無法對莫妮芭說謊。但當我招認後，她卻變得更生氣。「既然妳說妳是我最要好的朋友，怎麼可以瞞著我這種天大的祕密？」她轉身就走。但我知道，雖然她很生氣，不過她不會洩漏出我的祕密。

是我的父親說溜了嘴，當然是不小心的。他當時正在跟一名記者說讓孩童走路上下學有多麼可怕。他說他自己的女兒以爲一個正在講電話的男子要殺了她。幾乎每一個讀過那些日記的人都認得這個故事，而到四月份，我身爲高爾．瑪凱，一名祕密寫日記者的身分，就要結束。

但日記起了它的作用。如今有好些記者都在追蹤法茲魯拉意圖關閉巴基斯坦的女校的故事，其中包含了一位任職於《紐約時報》的男性。

13 永遠的下課

從我開始接受訪問，住在明戈拉的居民有時會來找我，跟我說我做得很好。但我母親的許多朋友卻因我公然在電視上露出自己的臉龐而覺得反感。有些人甚至說她會因爲沒有把我教好而墮入地獄。雖然我母親從沒對我說過什麼，但我知道她八成也希望我能戴上面紗。不過即便我母親不認同我的決定——即便她的朋友們也因此而批評她——她仍舊支持我。

與此同時，就連我的一些朋友也來問我，爲什麼我要讓全世界看到我的臉蛋。「法茲魯拉的手下都戴面具，」我這麼回答，「因爲他們是罪犯。但我沒有什麼好躲藏的，而且我沒做錯什麼事。對身爲青少女教育的發聲者一職，我非常自豪。我也驕傲地讓大家看到我的眞面貌。」

一個狂人將要在數日之內將超過五萬名女孩踢出學校教育，而所有人看來卻只想跟我聊我是否該戴面紗的事情！同時間，我的弟弟卡須爾則說他只願自己也是女孩，這樣他就不用去上學了。有時我會想，這整個世界是不是都錯亂了。

我的父母喜歡看我受訪的畫面，但我通常會在他們看電視時跑出房間。我是樂於接受採訪，因爲我知道提到女孩的權利一事有多麼重要，但我向來不喜歡看這些訪談。我也不知道爲什麼會這樣。我可以接受整個世界都看得見我，但我就是不想看見自己啊！

我想，我必須承認我跟那些很在意自己門面的人其實沒什麼兩樣。忽然間，我開始注意到關於我的外貌的各種細節——那些從前我幾乎不在意的細節。我的膚色太黑了，我的眉毛太粗了，我的雙眼大小不一。我還恨透了那些錯落在我的臉頰上的小痣。

在學校正式關閉的幾天以前，我父親去了趟白沙瓦，要跟兩名《紐約時報》的攝影記者見面，而我也跟去了。他們請我父親前去，是想問他是否能讓他們在學校營運的最後一天跟拍他，但在聚會快結束時，其中一名記者轉頭問我：「如果有一天妳再也回不去你們居住的河谷跟學校，妳要怎麼辦？」因爲我既頑固又充滿希望，因此我回答：「這種事情不會發生。」他堅持有可能會發生，而我開始哭泣。我想也是從那個時候開始，他們決定要同時也將紀錄片的焦點放在我身上。

學校營運的最後那天早晨，一個由兩名男子組成的拍攝小組出現在我們家裡。當他們抵達時我還沒醒來。他們告訴我父親說他們是要來記錄我一天的生活——從開始到結束。他嚇了一跳；他有同意攝影機能進入他的學校，但並沒有包含他的住屋。我聽見他試著要那名記者放棄這個想法。但到最後他勉爲其難的同意了，攝影也因而開始。

「他們阻止不了我。我會完成自己的教育，」我告訴那位攝影師。「不管是透過家庭、學校，乃至於任何地方所能提供的資源。這是我們對這個世界的請求：救救我們的學校，救救我們的巴基斯坦，救救我們的史瓦特。」我的語氣聽來充滿希望，但在內心深處，我其實很擔心。我父親看著我，不安的笑容中混雜了對女兒的驕傲與悲傷，我想見未來的自己困於家中，閱讀任一本我能找到的書籍，直到再也找不到書讀爲止。我只有十一歲。我這輩子的教育眞的要在這個時候畫下句點嗎？我眞的會跟那些輟學後只負責煮飯和清掃的女孩子一樣嗎？當時我並不知道自己說出的話會傳到許多人的耳中。在這些人當中，有的住在世界的另一端，有的則住在史瓦特，住在塔利班的要塞裡。

稍晚，當朋友們跟我穿過學校的柵門時，攝影機錄下了我們的一舉一動，當時的場景彷彿我們要出席一場喪禮。我們的夢想正在逐步死去。

那天，即使我們曾發誓最後一天一定會到場，但仍有三分之二的學生選擇留在家裡。然後有一名女孩突然現身了。她的父親及兄弟不准她來學校，但當天他們一離開後，她就偷溜了出來。好一個奇怪的世界啊，一名只想上學的女孩得冒著違抗好戰分子與機關槍的風險——她甚至還得違抗自己的家人。

隨著那天的時間慢慢流逝，老師們試圖假裝一切都如同往常，有些老師甚至還出了回家作業，彷彿他們在寒假結束後還會見到我們一樣。終於，鈴聲敲了最後一響，瑪麗安女士隨之宣布學期結束；但不像往年，她並沒有宣布下學期會從哪一天開始。朋友們跟我都站在操場裡彼此擁抱，難過得不想離開。

後來我們全體做了一個決定。我們會讓這最後一天成爲最棒的一天。我們留到很晚，盡力延長那一天的長度。我們跑去小學部的建物，那是我們孩提時的學習起點。芒果，芒果。跳房子。帕帕圖尼。我們玩那些蠢遊戲，唱那些傻歌曲——我們假裝，至少在那幾個小時中，塔利班在這個世界上並不存在。

很不幸地在那天，莫妮芭一句話也沒跟我說，因爲我們前幾天吵了一架。

當我回到家時，我大哭特哭。我的母親也哭了。但當我父親回家時，他說道：「別擔心，親親，妳會再回去上學。」

但他很擔心。男校會在寒假結束後再開學，但女校的關閉意味著收入將大幅減少，而他需要這筆錢才有辦法支付教師的薪水和建物的租金。如同以往，許多家庭延後繳學費，而其他家長則是在法茲魯拉發布他的命令後開始不繳學費。在假期開始前的最後幾天，我父親試著想出一個辦法來支付租金、水電費和老師們的薪水。

那天晚上，空氣中滿是隆隆砲火聲，我因此醒了三次。隔天早上，家人跟我意興闌珊地聊到要搬離史瓦特或是要送我去讀遠方的寄宿學校。不過，就如我父親所說，史瓦特是我們的家鄉。在這麼一個混亂的時局，我們會陪伴在她的左右。

14 祕密學校

我父親希望我繼續進修我的英語，因此他鼓勵我觀賞伊斯蘭堡的一名記者送給我的一片DVD：一齣名叫《醜女貝蒂》（Ugly Betty）的影集。

我喜歡貝蒂，喜歡她大大的牙套和寬大的心胸。我很驚訝地看著她跟她的朋友們自由自在地走在紐約的大街上——無須面紗遮臉，不用男性相陪。但我最喜愛的部分是貝蒂的爸爸會做飯給她吃，而不是相反的情況！

但那齣戲劇還幫我上了另外一課。即便貝蒂跟她的友人擁有一定的權利，但身處於美國的女性仍無法與男性平權；她們的形象被利用來推銷商品。從某個角度來說，我敢說，生活在美國社會中的女性也被視爲展示品。

當我觀賞時，我看到她們剪裁得很短的衣物、她們的領口也很低，我當時還以爲在美國有發生布料短缺的事情咧。

這片存有一名戴著大眼鏡、閃亮牙套的女孩影片的小小塑膠光碟竟然違反律法，眞是瘋狂透頂。看著醜女貝蒂和她的朋友們自在地走在紐約的街道上，而我們卻被關在家中無事可做，也讓我產生一種奇怪的感覺。

別人送我的另外一齣戲劇是一九七〇年代的英國喜劇。劇名叫做《請講普通話》（Mind Your Language），劇情是敘述一群來自世界各地的成年人擠到同一間教室裡要學習英文。瑪麗安女士把它送給了我父親，但結果是我在看，它每每讓我開懷大笑。不過這齣戲劇對學習英文會產生反效果，因爲每一個劇中角色英文都講得超差！但它讓我學到一些我最喜歡的講法，例如「特好」跟「好唄」、「歹勢耶」跟「梅光雞」（沒關係）。

同時，我的小弟阿塔爾跟他的朋友們開始玩一種新遊戲。以前他們都玩帕帕圖尼，現在他和他的朋友都改玩軍隊對抗塔利班。鄰近的所有孩子都將手邊能找到的任何東西假裝成各種武器。他們把木棍和紙片當成槍枝，把舊塑膠瓶當成手榴彈。

戰爭跟恐怖主義成了兒戲。

有時候我自己的兩位小弟——沒有意識到這個名詞背後的意涵——會假裝自己是塔利班好戰分子或軍方的士兵。他們甚至在我們家屋頂設立碉堡，在那上演一場戰爭秀。

有一天，我看見阿塔爾在後院氣憤地在挖洞。

「你在做什麼？」我問他。

當他用極爲普通、自然的語調跟我說答案時，我顫抖了一下。「挖墳墓。」他如此回答。

自始至終，我都以高爾·瑪凱的身分在部落格上發表一系列的貼文。

在所有女校都關閉的四天之後，法茲魯拉的手下又摧毀了五所學校。我相當訝異，我寫道。這些學校明明都已經關閉了，爲什麼還要去摧毀它們呢？

與此同時，軍方什麼事也沒做，只是裝忙而已。士兵坐在他們的碉堡中，抽著菸，成天開火，更會整夜對著山丘發射大砲。但到了早上，晨間新聞卻不是報導軍方有所進展，而是塔利班又殺害了兩或三個人。住在史瓦特的居民仍會在電臺毛拉宣布之後去觀賞鞭刑現場。而只想學習新知的女孩們卻被困在家中，如同坐牢。

★

在那些陰暗、沉悶的日子裡，我們聽見塔利班的成員在竊竊私語。然後，突然之間，法茲魯拉同意解除女子小學的禁令。他說小女孩可以去上學，但他仍堅持超過十歲的女孩子得留在家中，遵循深閨制度。

我當時十一歲，但我不會讓這條禁令限制住我。此外，我能夠輕易地佯裝自己只有十歲。

瑪麗安女士對所有高年級的女孩送出一則消息：如果她們要挑戰這條新的禁令，她會敞開學校的大門。「但不要穿制服來，」她說道。「穿著便服，樸素的沙瓦爾．卡米茲才不會引人注意。」因此隔天我套上便服離家，將書本藏在我的披巾裡，抬頭挺胸往前走。

但明戈拉在學校關閉的那個月之中有了改變。如今街道如同鬼城般安靜。店家拉下鐵門，房屋中一片漆黑，就連平凡的交通嘈雜聲都只剩下細細低語。超過三分之一的人口都已經逃離出城。

在禁令剛發布的隔天，朋友們跟我在上學途中都有點膽戰心驚，但我們已想好對策：如果有塔利班叫住我們，我們會這樣說：「我們念四年級。」

★

那天早上當我抵達學校的時候，我十分興高采烈地走過柵門。瑪麗安女士在那兒等我們，她擁抱每一個女孩，並誇獎我們很勇敢。當然，她也很勇敢；她冒了很大的風險待在那兒。像我們這年紀的女孩頂多會被斥責，但年長的女性則會被毒打，甚或殺害。

「這所祕密學校，」她說道，「是我們沉默的抗議。」

15 和平？

二月的某天早晨，我們被槍砲聲吵醒。對我們而言，每晚被槍砲聲吵醒個幾次很常見。但這次不同。

明戈拉的居民正在朝天空鳴槍，以慶祝一紙和平協約的簽訂。政府同意，若塔利班停止一切攻擊行爲，他們就願意施行「沙力雅」。

施行「沙力雅」就表示舉凡生活中的所有面向——從產權糾紛到個人的衛生習慣——都將由宗教法庭來裁定。雖然人們對這紙和平協定有許多批評，但我很開心，因爲這表示我可以回去讀書了。

從二〇〇七年開始，超過一千名的民衆慘遭殺害。女性被迫留在家中的深閨區域，學校跟橋梁被炸毀，商業行爲不再，而住在史瓦特的人生活在無止境的恐懼中。不過如今一切都畫下了休止符。也許塔利班會就此安頓，回到他們的家庭，並讓我們以平凡老百姓的身分繼續過日子。

而其中最棒的，則是塔利班緩解了對女校的質疑。就連年長的女孩也能重回校園了。雖然我們必須付出一個小小的代價：如果我們願意在公共場合將自己的身子掩蓋好，那我們就可以去上學。如果這就是上學的代價，我心想，那好吧。

★

當學校關閉時，我仍持續接受訪問，談論女性接受教育的權利，而我父親跟我都在能力範圍內盡量參加各種遊行與活動，以便把我們的理念宣揚出去。但現在地理頻道（GEO TV），我們國內最大的頻道，想要就和平協定一事訪問一名女孩的看法。我們就著夜色在一間飯店的屋頂接受採訪。他們在我身上安裝好麥克風以後開始倒數：五、四、三、二、一。

主持人問我和平協定會如何影響青少女，而我是否認同合約的簽訂。這紙和平協約才剛頒布不久，卻已經有人打破了協定——一名近期訪問過我父親的記者被殺死了。

我已經開始對合約感到失望了，而我也照實說了出來。「我們對時局又開始變差感到很灰心。我們期望和平降臨，與回學校上課。如果我們不好好教育年輕的一代，我們國家的未來將是一片黑暗。政府應該針對此事作出反應，才能幫助到我們。」

但我話還沒說完。我補充：「我誰都不怕。我會完成自己的教育。就算得坐在地板上聽課我都願意。我必須繼續接受教育，而我就打算這麼做。」

我怎麼會變得這麼勇敢呢？我在想。「馬拉拉啊，」我告訴自己，「妳沒做錯任何事。妳的言論是為了和平，為了妳自身的權利，為了青少女的權利而發聲。這麼做是對的。這是妳的職責。」

訪談結束後，我父親的一個朋友問他：「馬拉拉幾歲啊？」

當我父親告訴他我十一歲時，他很震驚。他說道：她是帕卡．婕奈，比同齡的孩子聰明太多了。

接著他問：「她怎麼走到這一步的？」

我父親回答他：「現實逼得她如此。」

★

但我們深深被欺騙了。在沙力雅施行後，塔利班的行徑變得更加明目張膽。如今他們公開地佩帶槍枝與棍棒在明戈拉的大街上巡邏，彷彿他們就等同於軍隊。他們殺害警察，然後將他們的屍體丟在路旁。他們毒打一名店主，因爲他任由沒有男性陪伴的婦女在他的店裡購買口紅。而他們更威脅上市集的女性，其中也包含了我的母親。

有一天，當我母親去市場爲一名表親的婚禮買禮物時，一名高大、魁梧的塔利班靠近並擋住了她的去路。「我可以打妳，妳知道嗎，因爲妳離開家門時居然沒穿著正式的罩袍，」他這麼說道。「妳明白我的意思嗎？」

我母親又氣又怕。他指的是覆面式罩袍，它會遮住整張臉，僅留下一片柵欄似的網眼讓視線可以穿透。她當時穿著一件比較時髦的罩袍，而她也沒有買過其他類型的。「好的，我懂，」她說道。「以後我會穿這種的。」她以前從來沒有撒過謊。然而，她也從來沒有在市場裡跟一名手持機關槍的男子對峙過。

「很好，」那名男子說道，「下次我就不會這麼好講話了。」

很快我們就理解到，即便身穿罩袍，也阻擋不了塔利班層出不窮的怪念頭。

有一天回家的時候，我發現父親跟他的朋友在看他手機上的一則影片。我湊過去看他們在看些什麼。影片中，一名穿著黑色罩袍與紅色褲子的青少女臉朝下趴在地上，一名蓄鬍、戴黑色頭巾的男子在光天化日之下對她施以鞭刑。「求求你住手！」她那介於尖叫與嗚咽之間的求饒聲伴隨著每一鞭的起落斷續發出。「看在阿拉的份上，我要死了！」

你聽得見塔利班在大叫。「把她壓住。把她的手壓住。」鞭刑過程中，她的罩袍滑落，她的褲子隨之露出。鞭打暫停，男人們把她再次裹好，接著他們又繼續鞭打她。周遭聚集了一群人，但誰也沒伸出援手。女孩的一名親戚甚至自願幫忙壓制住她。直到影片結束爲止，她已經被打了三十四下。

幾天過後，到處都看得到那則影片，就連電視上都在播放，而塔利班卻認爲這是功德一件。「那個女人離家時身旁的男伴不是她的丈夫，因此我們必須懲罰她，」一位發言人說道。「有些界線是不能夠被踰越的。」

女人？她不過是名青少女，頂多比我大個六歲。沒錯，有人越界了。成年男子沉溺於虐打青少女。

砲火很快地又隆隆四起。當我們在飯廳抱緊彼此時，我們心裡有個疑問：這算是哪門子的和平？

《紐約時報》所拍攝的紀錄影片公開放映了，成功引起更多人去關注居住在史瓦特的少女的慘況，而我們也開始接到來自世界各地的人發送給我們的鼓勵訊息。我因此注意到媒體的強大力量。我們甚至因而認識了一位在美國念史丹福大學的十九歲巴基斯坦女孩西莎·沙伊德。她最後將在我們爭取教育的戰役中擔任一個非常重要的角色。人生第一次，我們知道自己的故事能夠超越巴基斯坦的國界，得到世人的注意。

★

四月二十號那天，居中協助安排政府與塔利班簽訂和平條約的TNSM的領袖蘇非·穆罕默德（他同時也是法茲魯拉的岳父）來到明戈拉發表演說。那天早上，我的兩個弟弟跟我從柵門處往外窺看，看見數以百計的人成群結隊地經過我家門前要去參加集會。一些少年塔利班戰士走過，他們用行動電話播放勝利的小調，嘴裡則興奮地大聲唱出歌曲來。我們趕緊把柵門關上，免得被他們看見。到最後，一大群民眾——將近四萬人——集結在一起。而即使集會場地離我們家有相當的距離，我們仍然可以聽見數以千計的人聲哼詠著塔利班的歌曲。那個聲音讓人寒毛直豎。

父親那天一早就離家，到鄰近的建物屋頂上觀看集會的情況。當晚回到家時，他看起來彷彿老了一百歲。

那場演說令人沮喪。我們原以爲蘇非・穆罕默德會要他的信徒放下武器，但他卻批評民主主義違反伊斯蘭律法，並鼓勵他們繼續抗戰。「只能在史瓦特逞威風對他們來說還不夠，」我父親說道。「塔利班還要往伊斯蘭堡進軍。」就連蘇非・穆罕默德自己的部分信徒都對這樣的事態轉變有所不滿。

不出幾天的時間，塔利班蜂擁進入史瓦特南方的布納（Buner）的市中心，那裡距離首都只有六英里遠。見首都情況危急，軍方計畫發動反擊。又一次，明戈拉被夾在兩大勢力之間。

這一次，我母親認爲我們應該要離開，到香拉去避難。

16 逃離家園

「帕什圖人不會自願離開他的土地。他要不是因為貧窮，要不就是因為愛而離去。」這是一首很有名的帕什圖「塔帕」（tapa），也就是對句，是祖母教我的。如今我們被作者沒有想像過的另一種力量趕走——塔利班。

我站在自家屋頂凝視著山脈，凝視著我們一起打板球的巷弄，凝視著正在盛開的杏桃樹。我試著在腦中將所有的細節都記下，以免我再也無法親眼見到自己的家鄉。

接著我走下樓，想整理行囊。場面一片混亂。我的兩個弟弟正在哀求我母親讓他們帶著寵物雞一起走，而我的表嫂正在廚房裡掉淚。當我看見她在哭，我也開始跟著哭了。我心中百感交集，但有時除非有其他人先哭，我的眼淚才能自在地奪眶而出。我跑進自己的房間，試著思考我該帶些什麼。離開時，我搭乘的是賽費娜家的車，因此空間很有限。（其他家人則是要搭我父親友人的便車。）我先整理書包，把書本跟考卷放進去。我看了獎狀最後一眼，然後就跟它們道別。接著我開始把衣服塞進一只袋子裡。由於心情焦急，我從一套沙瓦爾．卡米茲中拿出了長褲，又從另外一套拿了上衣，所以整理到最後，我的衣物根本都不成對。

當我可能是最後一次關上我的房門並走進廚房時，我看見母親正在第二次告訴阿塔爾，說我們沒辦法帶走那些小雞。

「如果牠們把車子弄得一團亂怎麼辦？」她試圖用這樣的理由來說服他。但阿塔爾的意念絲毫不動搖，他還建議我們可以買尿布給牠們穿。可憐的阿塔爾，他才不過五歲大，就已經在他短暫的人生中見識過兩場戰爭。他還是個孩子；軍隊和塔利班都快要毀掉我們的故鄉了，他卻只在意他的小小鳥。當然囉，牠們沒辦法跟我們一起走，而當我母親說她會留下更多的食物和飲水給牠們時，阿塔爾嚎啕大哭。後來，當她說我不能帶走書包時，我也差點哭了。我熱愛學校，而我只在意那些書本而已！畢竟我們都是孩子，孩子有自己的需求，就算是戰爭也改變不了這點。

我把自己的書本藏在客房的一只袋子中，因爲那裡看起來最安全，我還低聲唸了些《可蘭經》的經文來保護它們。接著我們全家聚集在一起，向我們的家說聲再見。我們說了些祝福的話，然後就把我們甜美的家園託付給眞主守護。

外頭的大街上車滿爲患。汽車跟人力車，騾車跟卡車——都載滿了人們和行李箱、一包包的大米和棉被捲。有些家庭是全家人擠在一輛摩托車上，他們得盡力維持摩托車的平衡；而其他人更是只揹了些輕便的物品就跑過了街道。多數人不知道他們要何去何從，只知道他們必須離開。兩百萬人都在忙著逃離他們的家鄉。那是帕什圖人史上最大的一次移民潮。

我母親、兩個弟弟和我會跟香拉的親戚待在一塊兒。但我們的父親說他得到白沙瓦一趟，他認爲自己有義務去警告住在那裡的人戰局的變化。我們都不想要他這麼做，特別是我母親，但我們能諒解。他同意與我們結伴同行一段時間，然後我們會在經過白沙瓦時讓他先下車。

這趟通常只需耗時幾個小時的旅程到最後耗掉了我們兩天的時間。首先我們得要繞上一大段路，因爲那是賽費娜一家人還有我父親的朋友要去的地方，會搭他們的順風車的原因是因爲我們家沒有車。在抵達馬爾丹鎮之後，我們就得靠自己了。我們轉搭長途巴士，靠它載我們到巴士路線上最靠近香拉的地方。旅程的最後，我們得靠自己的雙腳，身揹著所有的家當，在險峻、殘破的路上走最後的十五哩路。當我們走到靠近香拉的岔道時，天色已近晚，隨時都可能宣布宵禁。在那裡，一位軍官在路障處擋住了我們。

「現在是宵禁。誰都不能通過。」他說道。

「我們是ＩＤＰ，」我們告訴他。「我們得前往家族居住的村莊。」但他仍不願意放我們通行。

ＩＤＰ是「國內難民」（Internally Displaced Persons）。這是我們現在的身分，既非巴基斯坦人，也不是帕什圖人。我們的身分被簡化成三個英文字母：ＩＤＰ。

我們哀求那個男人，而在我祖母開始落淚後，他總算讓我們通過了。在我們走過最後的幾哩暗路時，一直有股寒意在我們背脊流竄。我們擔心路過的軍用車會把我們誤認爲恐怖分子，從背後攻擊我們。

最後，當我們蹣跚地抵達香拉時，我們的親戚很震驚。雖然塔利班才剛離開山區不久，但有傳言他們會再回來。「你們怎麼會想要過來這裡？」他們問我們。

對國內難民來說，沒有一個地方是安全的。

★

我們嘗試適應住在山上的新生活，我們不知道自己會在這裡待上多久日子。我報名入學，跟大我一歲的表姊姍菠同班——然後才意識到自己得跟她借衣服穿，因爲我打包的長褲和上衣都雜亂無章。

我們得走超過三十分鐘的時間才能到學校，而當我們抵達時，我看見姍菠所就讀的年級只有三名女孩。村裡的女孩多數在十歲以後就不上學了，因此幾名繼續求學的女孩就只能跟男生一起接受教育。同時，我引起了一些騷動，因爲我不像其他女孩那樣蒙面，而且我在教室裡自由自在地說話、發問。

我很快就學到了鄉間的校園規矩。事情發生在我入學的第二天，姍菠跟我遲到了。是我不好——我很喜歡賴床——然後我開始解釋。而當老師要我們把手伸出來時，我忽然弄不清楚狀況，接著當他用木棍打我和我表姊的掌心時，我呆若木雞。

我走到自己的座位，心中滿是恥辱。但隨著我的羞愧感逐漸散去後，我瞭解到這次的懲罰意味著我跟團體中的其他人一樣，受到公平的對待。

能這樣跟表親待在一起，我心滿意足。但是，噢，我好想家。還有我以前念的學校，還有我們的書本。我甚至也懷念起《醜女貝蒂》。

聽廣播是住在山區的重要娛樂活動，我們幾乎隨時都在收聽。五月的某一天，軍方宣布他們已派遣傘兵進入明戈拉，準備要跟駐紮在那裡的塔利班決一死戰。戰火燃燒了四天——明戈拉的巷弄中滿是大小戰役。很難判斷誰輸誰贏。到最後，雙方人馬在街頭展開肉搏戰。

我試著想像這樣的畫面：塔利班成員在我們曾經打板球的巷弄中作戰。軍人射破飯店的窗戶。

最後，軍方宣稱他們已擊退塔利班。他們已摧毀了法茲魯拉的據點伊滿德里。他們奪回了機場。四星期內，軍方宣布他們已奪回這個城市。

我們的心情比較放鬆了，但卻在想：塔利班會撤退到哪裡去？他們會回到山區來嗎？

★

這些日子以來，我們都十分擔心我的父親。在山區，行動電話幾乎沒有收訊，有時我母親得爬上一處田野中央的大石頭上才能有一格訊號。因此我們等於從未接收到他的消息。

他人還在白沙瓦，和其他三名男子住在一家旅社的客房裡。這段期間，他都在試著要跟媒體與地方首長取得聯繫，想讓他們明白史瓦特發生了什麼事。後來，在約兩星期過後，他打電話來，要我們去白沙瓦跟他團聚。

當我們終於團圓時，我們都流下了開心的淚水。

他有個重要的消息要跟我們說：美國的特派大使理查．霍布魯克（Richard Holbrooke）將在伊斯蘭堡舉辦一場集會，而我們有受到邀請。但在集會的那天早上，我們居然睡過頭了！我沒把鬧鐘設定好，我父親因此對我頗有微詞。雖然我們後來還是想辦法趕到了飯店。

與會者共有二十名社運人士，都是來自巴基斯坦各地飽受戰火摧殘的部落地區，他們齊聚在一張大圓桌的旁邊，而我被安排坐在大使的旁邊。

霍布魯克先生轉過頭來看著我。「妳今年幾歲啊？」他問我。

我把上身坐直，讓自己能夠看起來高一些。「我十二歲。」我回答他。我這不算說謊：我再幾天就要滿十二歲了。

我深深吸了一口氣。「尊敬的大使閣下，」我說道。「我請求您幫助我們這些女孩爭取教育。」

他大笑。「你們國家已經面臨夠多的問題啦，而我們也已經為你們做了很多事，」他如此說道。「我們已經承諾要透過經濟援助的方式提供給你們好幾十億美元；我們正在跟你們的政府商量供電與天然氣的問題，但你們國家目前正面臨非常多的問題。」

我不知道他的大笑代表什麼意思，但我能理解他所說的話。少女的教育問題，在巴基斯坦目前面臨的問題中，相對來說是無足輕重的。也許我的肩膀因而稍微低垂，也許我的笑容因而消褪幾分，但我算不上洩漏自己的失望之情。除此之外，現在我知道了：上電視受訪及代替少女站出來爭取教育只占了這場戰鬥的一半而已。另一半的戰鬥仍在前方，而我會繼續抗戰下去。

我們親臨伊斯蘭堡，並在那裡舉辦了記者招待會，向大家分享我們的故事，如此一來人們就會知道史瓦特發生了些什麼事，但在此事過後，我們不是很確定自己的下一步該怎麼走。明戈拉的硝煙未散。塔利班則撤退到了史瓦特的山區。因此我們決定接受邀請，留在阿巴塔巴。更好的消息是莫妮芭人也在阿巴塔巴。雖然我們從在學校迎向最後一天之前吵架到現在都還沒說過話，但她還是我最要好的朋友。

因此我打電話約她在公園跟我碰面；我拿了一罐百事可樂和一些餅乾跟她求和。

「都是妳不好。」她對我這麼說。

我同意她的論點。我不在乎誰對誰錯（雖然我很確定自己沒做錯什麼事）。我只是很高興能夠再一次跟她變成朋友。

同時間，我的生日即將到來。我一整天都在期盼慶生，不過因爲時局混亂的關係，所有人都忘了這件事。我試著不要太難過，但卻不免想起上一次生日時情況是多麼地不同。我當時和朋友們一起吃了蛋糕。那時還有很多氣球，我則許願，希望河谷能夠平安祥和。

闔上雙眼，我在十二歲生日這天，許下了相同的願望。

17 回家

歷經三個月四處搬家、與陌生人或親戚共住的生活後，我們終於要踏上回家的路了。當我們開車駛下山路，看見史瓦特河時，我父親開始流淚。而當我們看見明戈拉的慘況時，我們全都淚流滿面。

放眼望去，我們看見化爲碎瓦的建築、成堆的殘骸、燒毀的車輛，以及砸碎的窗戶。店面沉重的鐵捲門被撬開；店內的窗戶破碎、貨架淨空。乍看之下，每一棟建築都布滿了彈孔所形成的凹痕。

這裡看起來仍像是戰區。軍人從屋頂上的機關槍陣地往下打量我們，他們的槍砲對準了街道。即使政府表示明戈拉很安全，鼓勵大家返鄉，多數人仍舊因害怕而不敢回來。以往被色彩明亮的巴士與數以百計的旅客擠得一團亂的巴士車站荒廢了，甚至還有雜草從人行步道的裂縫中生長而出。

但塔利班在此銷聲匿跡了。

再過一個轉角就是我們家了，我們全都做好最壞的打算。聽說我們家附近的房屋都慘遭掠奪；電視和珠寶都被偷個精光。當父親打開柵門時，我們都屏息以待。映入眼簾的第一樣東西，是我們那已化爲叢林的前院。我的兩個弟弟馬上跑開，去查看他們的寵物雞。他們哭著回來；牠們只剩下羽毛跟骨頭。他們養的鳥餓死了。與此同時，我跑進客房，那是我藏書的地方。書本完好無缺。我說了一句感謝的禱詞，然後開始翻頁。我很開心能夠再一次看見我寫下的二次方程式、社會研究筆記和我的英文文法書。

我差點因喜悅而流下淚水，直到我忽然想起：我們還不確定我們的學校是否撐過了戰火。

★

「有人跑進來過。」當我們進入學校的大門時，我父親這麼說。

對街的建築被飛彈擊中，但是學校卻奇蹟似地完整無損。校內地板上滿是丟棄的菸蒂和食品包裝紙。課桌椅都東倒西歪，亂成一團。卡須爾學校的招牌安放在角落，是我父親把它收在那兒的，這樣比較容易保管。我把招牌舉起，然後放聲尖叫。招牌底下有好幾顆羊頭。我花了一些時間才瞭解到這是某人吃完晚餐後所留下的殘渣。

校牆上凌亂地寫滿了反塔利班的標語。教室的地板上則滿是彈殼。「亞米・金達巴德！」——這個字詞的含意是「軍隊萬歲」——的塗鴉文字被寫在一面白板上。於是我們明白了是誰曾經住在這裡。士兵在樓上的一面牆上打了一個洞，從那個洞望出去，就能看到底下的大街。也許他們曾將這裡當作狙擊手的崗哨。雖然紛亂不堪，但我們鍾愛的學校仍舊矗立著。

在檢查過教室內部的毀損程度後，父親和我一起進入了他的辦公室。他在那裡找到一封軍隊留給他的信件。那封信指責史瓦特的居民竟容許塔利班染指了我們的祖國。「我們失去了許許多多士兵的寶貴性命，而這一切都肇因於你們的輕忽怠慢。」那封信上如此陳述。「巴基斯坦軍隊萬歲！」

我父親聳了聳肩，「一貫的思維模式，」他說道。「一開始，史瓦特的人民被塔利班的言論操弄，接著他們被塔利班殺害，然後現在，他們因爲塔利班所犯下的錯而被指責！」

我的思緒一團亂。以前我夢想當一名醫生，但在我們經歷了這一切之後，我開始認爲成爲一名政治領導人物說不定是個更好的選擇。我們的國家有太多的問題。也許有一天我能夠幫忙解決這一切。

18 一個小小的請求，一場奇怪的和平

和平終於降臨了史瓦特。軍隊還在，但商家都重新開張，婦女們自在地在市場裡走動。而我擊敗了瑪麗克．愛奴兒成爲第一名！我對河谷的未來滿懷憧憬，因此我在自家屋外種下一顆芒果的種子。我知道到種子開花結果爲止得耗上許多時日，就如同政府承諾的和解與重建一樣，但這是我用來表達自己對明戈拉的未來充滿信心。我們將會擁有一個長長久久的和平未來。

在那段日子裡，我最大的煩惱之一是從我十三歲開始，我就沒有再長高了。在那之前，我是班上最高的學生之一，現在我則是被歸類在矮小的那一邊。因此我有一個小小的請求。每天晚上我都會跟阿拉祈求長高一些，然後我就會用長尺和鉛筆在臥室的牆上測量身高。接著每天早上我會站在同樣的地方，確認自己的身高有沒有在一夜之間提升。我甚至承諾，如果我能長高一丁點兒——就算是一吋也好——我願意在每日的常態

祈禱之外，多做一百次的拉卡特．納弗（raakat nafl），也就是額外的祈禱。

我在衆多場合發言，但身高不足會讓我覺得說話的說服力不夠。我的身高矮到有時候講話都沒辦法引起別人的注意啦！

★

在二〇一〇年初，我們學校被邀請加入史瓦特地區兒童大會（District Child Assembly Swat）。這個大會是由慈善團體聯合國兒童基金會（The United Nations Children's Fund，簡稱爲UNICEF）及克帕寇爾（意思爲「我的家」）孤兒基金會聯合創辦。六十名來自史瓦特各地的學生被選爲成員。成員多數是男孩，但我們學校有十一名女孩參與。當我們要遴選出發言人時，我贏了！以「發言人女士」的身分站上講臺的感覺有點奇怪，但我仍認眞地將此視爲重責大任。

集會成員的任期是一年，我們幾乎每個月都會見面。我們通過了九項決議。我們呼籲終止童工。我們希望大家能幫忙讓行動不便或是流落街頭的孩童上學。我們要求重建所有被塔利班摧毀的學校。一旦決議被採納，它們就會被呈交給官方人士——其中有些甚至會立刻施行。我們的聲音能夠被聽見，我們能夠親手改變這個世界，這樣的感覺眞好。

★

烏雲隨著秋天的到來而聚集。我父親的一個友人——一個公開譴責塔利班的男子，在回家的路上遭到埋伏。後來另一位對塔利班多所批評的政治家則是被自殺炸彈客謀害。二〇一〇年的夏季，大雨傾盆而下，季風帶來的暴雨成災，隨之橫掃過一切。在整個巴基斯坦中，超過兩千人淹死，好幾百萬人失去他們的家園，而多達七千所學校也因此毀壞。

我們家位在地勢比較高的地方，得以躲過洪水的侵襲，但我們的學校位於河岸邊，因此災情慘重。洪水消退後，留下了與胸部等高的淹水痕跡；我們的課桌椅都被奇臭無比的厚厚一層泥巴給覆蓋。修整要花上一大筆錢。香拉的災情更爲慘烈，而基本教義派的宗教導師則再次強調，眞主降下此天然災害是爲了懲罰人們沉溺在違反伊斯蘭教義的行爲之中。

二〇一一年初，塔利班又炸毀了兩所學校。他們綁架了三名外援人員並殺害了他們。而我父親的另外一名朋友，一位公開譴責塔利班的大學校長也被兩名持槍闖入他辦公室的暴徒殺害。

同年的五月，九一一恐怖攻擊的幕後主謀奧薩瑪．賓拉登在他位於阿巴塔巴的藏匿處被殺，那裡離我們國家的軍校所在地非常近。

接著我父親在家中收到了一封寄給他的匿名信。「你是一名教士之子，」上面寫道。「但你的所作所為卻像是名叛教者。你不是一名好穆斯林。你公開批評我們，你會因此付出代價。無論你逃到地球上的哪一個角落，聖戰游擊隊（mujahideen）都會把你給揪出來。」

這樣的文字讓我覺得塔利班彷彿從未眞正離開。

我試圖告訴自己，這封可怕的信件不過是被擊潰的塔利班臨死前無力的一擊而已。但是，我依舊天天都爲父親的安全祈禱。我祈禱我們的學校能繼續經營，而那些被炸毀的學校能夠重建。我也繼續祈求眞主讓我長高。如果我要成爲一名政治家，爲我的國家效勞的話，我告訴眞主，我至少也得長得比講臺高吧，不然我要怎麼面對大衆呢？

19 期待已久的好消息

二〇一一年十月的某天，我父親打電話給我，要讓我看一封他收到的電子郵件。我對信上的內容不可置信：我被提名角逐兒童權利協會（Kids Rights，一個總部位於阿姆斯特丹的兒童權益促進團體）所設立的國際和平獎。推薦我的人是南非的大主教德斯蒙德．杜圖。他極力反對種族隔離政策，是我父親心目中的大英雄之一。

後來我又收到另一封電子郵件：我被邀請在拉合爾的教育會議上發表演說。那裡的首長正在建立一個新的學校網路；所有孩童都能夠拿到筆記型電腦。他透過頒發獎金，來獎勵每一個在他所管轄的省分中考試成績優良的孩子。出乎我意料之外的是，他也要因爲我長期提倡少女的權利而要頒獎給我。

我穿上最喜愛的粉紅色沙瓦爾．卡米茲出席活動，並決心要告訴大家我跟女子國中的朋友們如何無視塔利班的命令，繼續偷偷上學。我希望世界各地的孩童都能夠感激學校所提供的教育，因此我說道，我就在現場，所以如今我清楚知道好幾百萬名孩童接受教育的權利都被剝奪了。「但是，」我告訴聽眾，「史瓦特的少女從以前到現在都天不怕地不怕。」

回家不到一個星期，某天一個朋友跑進教室，宣布我又贏得了另外一個獎項。政府單位把第一屆巴基斯坦和平獎頒給了我。我不敢相信。許多記者那天忽然跑來我們學校，讓整個場面鬧哄哄的。

自那天的頒獎典禮過後，我的身高一吋也沒長，但我已經決定，無論如何我都要看起來很有威嚴。當總理把大獎頒發給我時，我遞交給他一張要求清單——其中包含一項請求，希望他重建那些被法茲魯拉摧毀掉的學校，以及政府應在史瓦特設立一所女子大學。那展現了我要成爲一名政治家的決心——這樣我才有辦法展開行動，而非只能請求他人伸出援手。

當現場宣布這個獎項將每年頒發，並爲了表達對我的敬意而命名爲「馬拉拉獎」時，我注意到父親皺起了眉頭。依照我們國家的傳統，我們不會在人們還活在這世上時來替什麼事務命名，只有在他們過世了才會這麼辦理。他有點迷信，並認爲這事會觸霉頭。

當然，我那兩個弟弟讓我得以維持謙卑。他們依然跟我吵架、嘲笑我，爲了跟我搶電視遙控器而大打出手。也許我獲得了全世界的關注，但對他們來說，我還是以前那個馬拉拉。

不過我很好奇，我的朋友們對我所獲得的名聲不知道心中作何感想。畢竟我們是一個充滿競爭意識的團體。而且，當然囉，我永遠都得考量到莫妮芭的感受。我擔心她會認爲我多次出門在外，拋下她一人孤孤單單，或是她已經交了一個新的超級好朋友。但重回校園的第一天時，我根本沒時間去思考這些問題。我才剛抵達校門，就有人跟我說有一大群記者等著要採訪我。當我進到那間教室，我看到我校內的所有朋友都聚集在一個蛋糕旁，嘴裡大喊「驚喜！」他們集資買了一個白色的蛋糕，上面用巧克力糖衣寫了「永遠成功！」

我親愛的朋友們，他們如此大方，只想跟我一起分享成功的喜悅。在我的心中，我明白任何一位同學都能夠獲得這份榮耀；我只是比較幸運，擁有一對縱使心中充滿恐懼，仍然鼓勵我勇往直前的父母罷了。

「你們現在該回去上課啦，」我們才剛把蛋糕吃完，瑪麗安女士就立刻這麼說。「三月就要考試囉！」

第四部
成為公敵

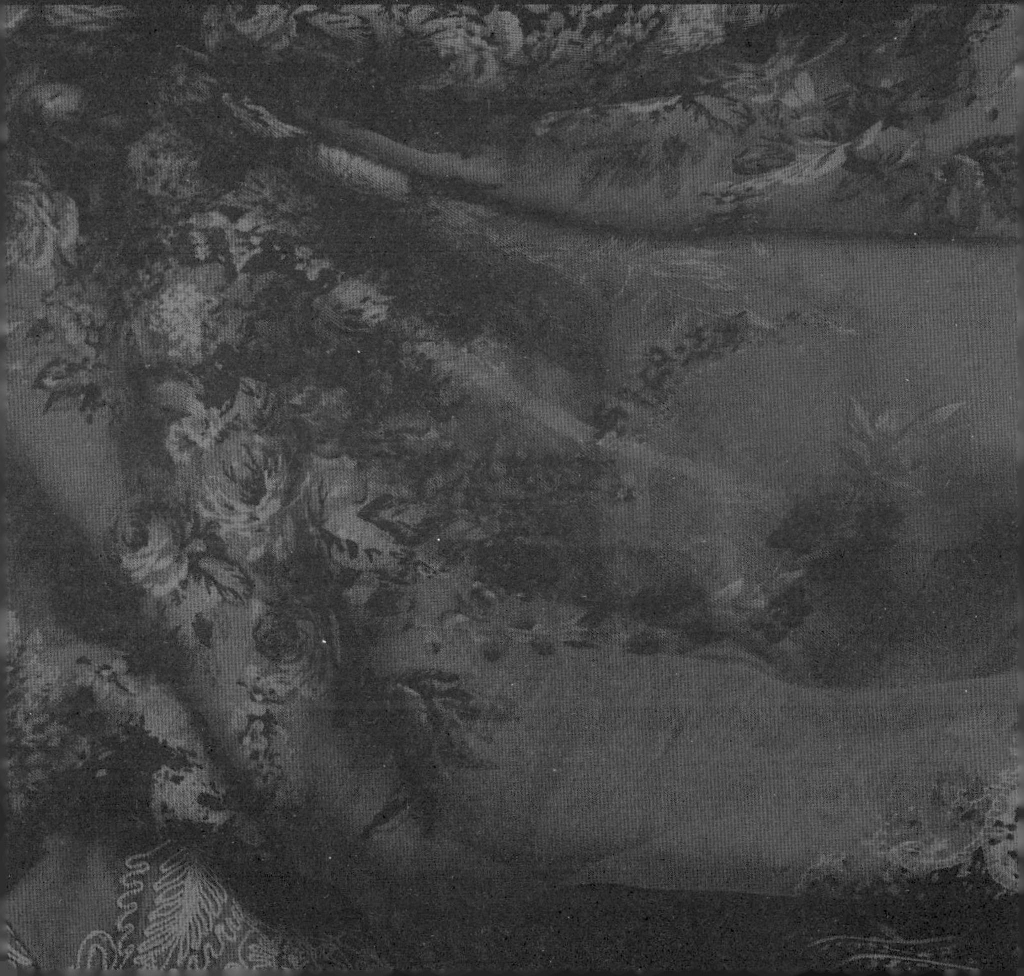

20 死亡威脅

二〇一二年初的某一天，我們去喀拉蚩擔任地理頻道的來賓，一位住在阿拉斯加的巴基斯坦記者來拜訪我們；她看過《紐約時報》拍攝的影片，因此想與我碰面。她同時把我父親帶到一旁，告訴他一些事。

我注意到她眼眶泛淚；接著她跟我父親走到電腦旁。他們神色不安地很快關掉了電腦，不知道他們剛剛到底在看什麼。

隔了一會兒，我父親的電話響了。他走到我聽不見的地方接聽，進門回來時面有難色。「怎麼了？」我問他。「你有事情瞞著我。」

他總是用對成人的態度對待我，但我看得出來他的內心陷入兩難，他不知道應該是為了我好繼續隱瞞我，還是開誠布公地讓我知道。他重重地嘆了一口氣，然後展示給我看剛剛他在電腦上看到的東西。

他搜尋了我的姓名。馬拉拉．優薩福扎伊，塔利班表示，「應該予以殺害。」白紙黑字，清清楚楚。他們威脅要取我的性命。

我猜想，也許我早就知道這件事情遲早會發生；現在它來了。我回想起二〇〇九年的那些早晨，當時學校剛剛重新開張，我得把書本藏在披巾裡走路去上學。那段時間我總是很緊張。但在那之後，我變了。我長了三歲。我四處遊歷，發表演說，獲頒獎項。如今有人想要我的命——這則消息將在恐怖分子之間流傳，訴說著，「去吧，射殺她」——而我卻保持冷靜。就好像我看著這件事情發生在別人身上一樣。

我又看了螢幕上的那些訊息一眼。接著我關掉電腦，不再去注意那些文字。最糟的事情已經發生了，我已經成爲塔利班的攻擊目標了。現在，我要回去做我該做的事情。

或許我很冷靜，但我父親的眼淚都快掉下來了。「妳還好嗎，親親？」他問我。

「爸爸，」我試著安撫他，於是說：「每個人都知道自己遲早都得死。沒有人逃得過死神的魔掌。不管是塔利班的手下，或是罹患癌症，人都難逃一死。」

他沒有被我說服。「也許我們應該先把手邊的活動都先暫停一陣子，」他說道。「也許我們應該休息一段時間。」我驕傲、無懼的帕什圖父親顫抖著，我從來沒有看過他這樣子。而我知道原因。對他來說，成爲塔利班的狙殺目標是一回事。他以前常說：

「就讓他們把我殺掉吧。我願意爲自己的信念而死。」但他從來沒有想到，塔利班竟然會把他們的怒氣發洩到一個孩子身上。發洩到我的身上。

我看著父親悲傷的臉龐，我知道無論我的選擇是什麼，他都會尊重我的決定。但我無須去抉擇。這是來自上天的呼喚。某種強大的力量住進了我的體內，某種比我更巨大、更堅強的東西，而這使得我無所畏懼。以前我都是依靠父親賜給我勇氣，如今該是輪到我爲父親注入一股強心劑的時候了。

「爸爸，」我說道。「以前你曾經跟我說，如果我們把信念灌注在某種比自己的生命更爲重要的東西，那麼縱使我們死去，我們的聲音仍會繼續留存世間，繼續壯大。我們不能夠在這個時刻停下腳步。」

他明白我說的話，但他還是說我們以後說話要更小心些，也要注意聽我們說話的對象。

雖然如此，在回家的路途上，我問自己，如果塔利班現身要殺我，我該怎麼做。

嗯，我會脫下鞋子打他。

但是後來我又想到：如果妳脫下鞋子用它來攻擊塔利班的話，妳跟他之間就沒有什麼差別了。妳絕對不可以用暴力對待他人。妳一定要把和平和言論當作武器來跟他們戰鬥。

「馬拉拉，」我對自己說。「妳只要告訴他妳心中的話。妳想要接受教育。為了妳自己，也爲了所有的女孩。爲了他的姊妹、他的女兒，也爲了他自己。」

這才是我要做的。然後我會說：「現在，如果你還想要做什麼，就動手吧。」

21 滿懷希望的春天

春天來臨的時候，河谷的氣候開始變得溫暖，白楊樹開滿花朵，而我們爭取教育的行動也獲得了一個小小的奇蹟，就發生在我們家。我母親開始學習認字了。

當父親和我來來回回穿梭史瓦特，忙著代表河谷裡的女孩向外發聲時，我母親則是開始和卡須爾小學部裡的一位老師學習。當烏爾法小姐的課表上有空堂時，我母親就會造訪，手上拿著筆記本和鉛筆，直到頁面上那些古怪的線條與符號逐漸對她產生意義。她很快就學會了烏爾都文字——也開始學習英文了。

我母親比我還喜歡寫回家作業，前提是如果老師有出作業的話。我父親說，那是因爲她長期以來都被剝奪了學習的機會。晚上的時候，她常會和我一道寫作業，同時邊喝茶——兩個世代的帕什圖女性開心地擁抱她們的書本。

同時，我學校的課業進度明顯地落後了一些，都是那些旅程害的。當瑪麗克·愛奴兒上學期得到第一名時，我簡直是不可置信。而且，當然囉，卡須爾逮著了這個好時機來嘲笑我。「當妳忙著要成爲巴基斯坦最有名的學生時，妳的競爭對手在妳的故鄉奪走了妳的后冠！」他如此說道。

但我其實沒那麼在意。朋友們和我都心花怒放，因爲考試總算結束了，我們班在多年以後，終於要再舉辦一次郊遊踏青了。在法茲魯拉統治的期間，所有的郊遊踏青都被取消了，因爲女孩子不可以在公開場合露面。現在，我們最喜歡的春季傳統終於復甦了。

搭乘巴士，我們來到著名的白色皇宮。它是一幢壯觀的建築，以白色大理石建造而成，如同一朵飄在天上的雲朵，美得令人不敢相信。朋友們和我崇敬地看著它內部的房間與花園。後來我們在深綠色的森林中奔跑，彼此追逐嬉戲。當我們看見一道水質清澈的瀑布時，我們都在那邊合照留念。

女孩們開始互相潑水。飛舞的水珠像鑽石般在空氣中閃閃發亮，這是我看過最美麗的景色之一。我們全都坐下來休息一會兒，腦中迷迷濛濛，只專注聆聽轟隆隆的水聲。

然後莫妮芭又開始潑我水了。我當時沒有玩水的心情，因此要她住手。但她又潑了一次。又一次。剛好父親這時叫我，於是我就走開了。當我回來時，她對我忽然走開一事氣憤不已。於是我們典型的愚蠢行爲又掃了這天的好興致。搭乘巴士回家時，我們都坐在各自分開的位子上生悶氣。

隔天早上，一名男子帶著一封影印的信件來到我家門前。當父親把信唸給我們聽時，他的臉色十分慘白。

親愛的穆斯林弟兄：

有一所學校，卡須爾學校……它充滿了各種低劣與猥瑣的事物。他們帶著女孩們到各個不同的度假勝地去野餐。去問白宮飯店的經理，他會告訴你這些女孩做了些什麼好事……

他把那張紙放下。「上面沒有署名。」他說道。我們震驚地坐下。我們心裡明白那趟旅程中我們並沒有做任何不恰當的事情。

我們的電話開始響個不停，顯然這些信件被散播到整個鄰里，甚至還被貼到離我們學校很近的一座清眞寺的牆面上。

事到如今，我們出去郊遊的當天，很顯然有人在暗處監視我們。

有人不辭辛勞地散布了這些關於我們與學校的謊言。事態毋庸置疑：塔利班可能已經被擊退了，但他們的信念仍在擴散。

22 惡兆

那年夏天我滿十五歲。許多跟我同齡的女孩都已經出嫁了。而許多跟我同齡的男孩則是輟學去工作以幫助家計。我很幸運，只要我願意，不管要花多少時間，我都可以選擇繼續上學。前提是我們國家也繼續平和下去——呃，至少相對之下比以前和平了不少。爆炸案件的數量降到了每年只有兩到三起，在走經綠色廣場時，人們不再看到塔利班執行大屠殺以後的慘況。但眞正的和平彷彿只留在回憶或是人們的期盼中。

這次的生日對我來說很像是人生的轉捩點。我已經被視爲成人了——在我們的社會裡，十四歲就算是成年。是時候思索人生，規劃未來了。如今我很確定自己要成爲政治家。雖然我感覺「政治」一詞上有些汙點，但我不會同流合汙。我會做到那些政治家光說不練的事，而且我會從教育開始著手——特別是女孩的教育。我不會因爲自己已經可以光明正大地上學，就對這個議題減少半分的熱情。

人們頒給我許多獎項，多到我開始覺得是負擔。我根本就沒有像他們所講的那麼好。在我眼中，許多孩童仍在受苦——憑什麼我卻在這裡享受祝賀及慶典？我告訴父親，我想要用我得到的這些錢的一部分去幫助需要的人。當年那些在垃圾堆裡將物品分類的孩童們的畫面一刻也不曾離開我的腦海。我想要幫助那些像他們一樣的孩子，因此我決定籌辦一個教育基金會。我安排了一場聚會，跟學校裡的二十一名女孩見面，一起討論我們要怎麼做才能幫助每一名住在史瓦特的女孩都能獲得教育資源。我們決定要把重心放在那些流落街頭和淪爲童工的孩子。我們不停討論更多計畫，如此一來，當秋天來臨的時候，我們就能決定自己要如何著手。

★

時序剛進入八月不久，我父親就聽到了一些可怕的消息。我父親的一位好朋友扎西德·汗遭到了襲擊。跟我的父親一樣，他也是塔利班公開的敵人。有天夜晚，在他祈禱完回家的路上，他遭到槍擊——直接擊中臉部。

當我父親接到消息時，他跪坐了下去，彷彿中彈的人是他一般。

「我們兩人都名列塔利班的狙殺名單上，」他總算向我母親坦承。「人們都在猜想我們兩人之間誰會先遭攻擊。」

雖然據說塔利班已經逃離此地，但河谷中的暴力事件仍在發生。不久之前，若有人剛好被夾在雙方發生槍戰的地區，他們就會有生命危險。如今，危險卻多數落在那些過去曾公開譴責塔利班的人，以及那些繼續爭取和平的人的身上。

扎西德．汗奇蹟似的活了下來，但在那件事過後，我注意到父親有所改變。他開始更改每天的作息。今天他可能一早先去小學部；明天他會先去女子部，再隔天就換成男子部。而在他踏進校門之前，他會對著街道左右觀看四到五次，確定沒有人在跟蹤他。

入夜以後，他會假裝來我房間跟我道晚安，但他其實是要檢查我有沒有把每一扇窗戶都鎖緊。我知道他在做什麼，因此我會說：「爸爸，爲什麼你要把那些窗戶都關起來？」

他會回答我說：「親親，我關窗是爲了妳的安全著想！」

「如果塔利班眞的想要殺我，」我告訴他，「他們在二〇〇九年就會下手了。當時是他們的全盛時期。」

他會在我眼前搖搖頭，然後對我說：「不會，妳會沒事的。」

我的房間很大，位在屋子的正面，而且房內有許多窗戶。我有時候的確會擔心有人會爬過圍牆、跳進我的房間。我也總在擔心有誰會忘了鎖上家裡的柵門。因此當我的家人全都入睡後，我會踮著腳尖走出去，檢查柵門是否有鎖上。

那年秋天不斷發生一些奇怪的事情。有陌生人會來我家，問我父親一些跟他的朋友或與我們家有關的問題。父親跟我說他們是情報單位的人。有時他們也會來學校四處窺探。

此外也發生了一些小事。有天早上，一位老師情緒不穩地來學校，說她做了一個和我有關的噩夢。「妳受了重傷，」那位老師說道。「妳的雙腿在燃燒。」然後一幅掛在我家牆上的我的照片，某天晚上忽然離奇地移了位置。我父親，我所認識最溫柔的男人，當他隔天早上發現相片掛歪時，他非常沮喪。「請把它擺正！」他厲聲對我母親說道。

我自己也開始做噩夢。夢見有人朝我臉上丟腐蝕性的液體。夢到有人躲在我的背後。有時，當我在家門前的巷子轉彎時，我會以為自己聽到了其他人的腳步聲，跟我自己的腳步聲相互呼應。而有時候，當我走經路旁時，我會想像有身影溜藏進一旁的暗影之中。

我也開始思考死亡，好奇那會是怎麼樣的感覺。

我沒有把自己的噩夢和恐懼跟父母或甚至跟莫妮芭說。我不希望任何人爲我擔心受怕。

23 平凡無奇的一天

十月的第二個星期二的開頭與其他日子沒有兩樣。按照慣例我賴床了，因此我也按照慣例的遲到了。在跟莫妮芭聊完天之後，我又熬夜到很晚，在準備巴基斯坦研究的期末考。因爲我的物理已經考砸了，若我想從瑪麗克・愛奴兒手中把第一名的寶座搶回來的話，這堂課的考試分數我可不能出差錯。這是自尊的問題。當然也牽涉到一件小事：若我沒拿到第一名，卡須爾可是會因此對我嘲諷個沒完沒了。

配著茶水，我隨口吞下一些炒蛋和薄餅後就衝出門，剛好趕上那輛載滿了女孩的校車。那天早晨我心情很好，異乎尋常地好。在我離開家門前，我父親嘲笑阿塔爾，說當我成爲首相之後，他只配當我的祕書。當然囉，阿塔爾說他才不要，他要當首相，我才是只能當他的祕書。

照目前的情況看來，我生活的一切都在好轉。我母親在學習識字。我正在前往心愛的學校途中，而且莫妮芭跟我又和好了。我告訴自己與其花心思擔心瑪麗克．愛奴兒，還不如好好念書。而且我在想，我應該感謝眞主賜給我的一切。所以我就那麼做了。在我花最後幾分鐘準備考試以前，我默唸感謝眞主的禱詞。喔對了，主啊，我說道，也請別忘了讓我成爲第一名，畢竟我超用功的。

我最常在考試過程中禱告。正常情況下，我祈禱的數量通常「不夠」，依照我們的宗教規範來說，我們每日應該要禱告五次。但每年的這個時期，朋友和我的禱告數量從來都不會少。我都會祈禱考試順利，或是得到班級的第一名。但我們的老師經常跟我們說：「除非你認眞念書，否則眞主不會給你分數。眞主把祂的恩典沐浴在我們身上，但祂只會幫助誠實努力的人。」因此我也總是認眞念書。

★

充滿考試的早晨過去了，我有自信自己考得很好。那天放學後，莫妮芭提議我們留晚一點，等搭第二班車，我們常這麼做，因爲這樣就可以在回家前多聊一下。

迪納到了以後，我放眼尋找阿塔爾。那天我母親要他跟我一起搭車回家。

但很快我就分了心。因爲女孩子們都聚在一起看著我們的司機利用魔術戲法把小石子變不見。不管我們多認眞看，就是看不出他的訣竅。當我們一起擠上車時，我完全忘記阿塔爾的事情。我們擠進車裡，坐在自己的老位子上，整車有大概二十名女孩。莫妮芭坐在我旁邊，我的其他朋友都坐在對面的另一張長椅上。一個名叫喜娜的小女孩挑了我隔壁的位置，那裡通常是我的朋友夏席雅坐的地方，害得夏席雅只好坐在通常是我們放背包的長椅的中央。夏席雅看起來很不開心，因此我請喜娜換到別的位子。

巴士即將發動前，阿塔爾跑著過來。門已經關起來了，但他跳上了後方的車尾。這是他的新把戲，站在車尾上搭車回家。這麼做很危險，而我們的司機也受夠了這種行爲。

「阿塔爾，坐進去。」他說道。

但阿塔爾動都沒動。

「進去跟女孩子一起坐，阿塔爾．汗．優薩福扎伊，不然就下車！」這一次，司機加了些威嚴在他的話語中。

阿塔爾大叫，說他寧可走路回家也不願意跟女孩子坐在一塊。生氣的他跳下車，一溜煙地就跑走了。

迪納內又熱又黏。我們上下搖晃地沿著明戈拉尖峰時刻擁擠的大街前行，一名女孩開始唱歌打發時間。厚重的空氣充滿了熟悉的味道：柴油引擎、麵包，以及烤肉串的味道。附近一條大家都會去傾倒垃圾的溪流散發出臭味，臭味和烤肉串的味道就這麼混雜在一起。如同往昔，我們在幹道的軍方檢查哨處轉彎，經過了一張上面寫著「懸賞恐怖分子」的海報。

才經過小巨人餅乾工廠，馬路就變得出奇安靜，巴士減速後停了下來。我不記得有一名年輕男子禁止了巴士繼續前進，並問司機這輛車是否為卡須爾學校的校車。我不記得有另外一名男子跳上車尾，從後面探進頭來，望向我們這些全部都坐著的女學生。我完全沒有聽見他問道：「誰是馬拉拉？」也沒聽到三發子彈所發出的咔，咔，咔聲。

我記得的最後一件事情，是我在想隔天的考試。在那之後，一切都變暗了。

第五部
遠離家鄉的新生活

24 一個叫做伯明罕的地方

十月十六號，我在很多人站在一旁看著我的情況下甦醒。他們每個人都有四隻眼睛、兩只鼻子和兩張嘴。我眨眨眼，情況並未好轉。我看任何東西都有疊影。

我想到的第一件事情是：感謝眞主，我沒死。

但我想不到自己人在哪裡，這些人又是誰。

雖然他們看起來都來自不同的國家，但他們口中說的是英文。因爲我會說英語，所以我試著說話，卻發不出任何聲音。看來似乎有管子插在我的喉嚨上，某種會偷走聲音的管子。

我躺在一張很高的床上，環繞我四周的機器發出嗶嗶聲與嗚嗚聲。於是我知道了，我人在醫院。

我的心臟因恐慌而緊縮。如果我人在醫院，那我的父母哪兒去了？我父親有受傷嗎？他還活著嗎？我知道自己一定是發生了什麼事，但我也很確定我父親一定發生了什麼事。

一名戴著頭巾的好心女士來到我身旁。她告訴我她的名字叫做蕾哈娜，而她是一名穆斯林教士。她開始用烏爾都語祈禱。我馬上就覺得平靜、舒適，而且安全。當我聆聽著神聖《可蘭經》那美妙、撫慰的字句時，我閉上雙眼，漸漸睡去。

★

當我再一次睜開眼睛時，我看見自己身處在一間綠色的房間中。房內沒有窗戶，光線相當明亮。好心的穆斯林婦女不見了；一位醫生和一位護士取代了她的位置。

那位醫生用烏爾都語跟我說話。他的聲音出奇模糊，彷彿他是站在遠方跟我說話一樣。他告訴我，我很安全，他把我從巴基斯坦帶來這邊。我試著說話，但發不出聲音來，因此我開始試著用手寫字，試圖拼出問句來。護士離開，回來時帶了一張紙和一支筆給我，但我沒辦法正常書寫。我想把我父親的電話號碼給他們，我想要寫出問題，但寫出來的東西卻亂成一團，因此護士把字母都寫在一張紙上，讓我能夠用手去指。

我拼出的第一個字是父親。再來是國家。

我父親人在哪裡？我想知道。而這裡又是什麼國家？

那位醫生的聲音依舊難以辨識，但他似乎在說，我人在一個叫做伯明罕的地方。我不知道那是在哪裡。後來我才知道它是在英國。

關於我父親的事，他一個字也沒有說。爲什麼呢？他一定發生了什麼事，這是唯一可能的解釋。我在腦海裡想，這個醫生是在路邊發現我的，他不知道我父親也受傷了。或者他不知道如何找到我父親。我想要跟他說我父親的電話號碼，這樣他就可以打電話告訴他：「你女兒人在這裡。」

我非常緩慢地再次拼出父親，此時一陣像刀割般的悶痛侵襲了我的頭部。這種感覺就像是有一百片刮鬍刀片在我的腦袋裡，它們乒乒乓乓地撞來撞去。我試著呼吸。隨後護士傾下身體，用一塊紗布輕觸我的左耳，鮮血隨即流到紗布上。我的耳朵正在流血。爲什麼會這樣？我試著要舉起我的手去碰它，但我注意到，就好像手跟我的距離很遠一樣，我的手看起來沒辦法正常運作。我怎麼了？

護士和醫生進進出出，沒有人告訴我任何事情。相反地，他們問了我一些問題。我以點頭跟搖頭的方式回答。他們問我，我知不知道自己的名字。我點點頭。他們問我，我能不能移動自己的左手。我搖搖頭。他們問了好多問題，但他們卻不願意回答我的疑問。

這一切對我來說都太沉重：這些問題、頭部裡的創痛、對我父親安危的擔心。當我閉上雙眼，我看不見黑暗，只有白色的光，彷彿太陽就在我的眼皮底下大放光明。我昏昏醒醒，但我從來不覺得自己睡著了。我只有無止境的漫長清醒感，我的腦袋裡裝滿痛苦和問題，然後我又沒了知覺。

★

我住在加護病房，房內沒有窗戶，所以我從來都不知道外頭是白天還是黑夜。我只知道一件事，那就是沒有人願意回答我一直以來的問題：我父親人在哪裡？

但到後來，當我環顧著房間內所有複雜的醫療儀器時，我的腦海裡多了一個新的疑問：誰會幫我付醫療費用？

一位女士走進病房，告訴我她的名字叫做費歐娜．雷諾醫師。她用像是對老朋友說話的方式跟我講話。她給我一隻綠色的泰迪熊——我覺得泰迪熊配綠色很奇怪——以及一本粉紅色的筆記本。我寫下的第一個句子是謝謝妳。

接著我寫道，爲什麼我父親不在這裡？

然後是我父親沒有錢。誰會幫我付這筆費用？

「妳父親很安全，」她說道。「他人在巴基斯坦。醫療費用的部分妳用不著操心。」

如果我父親人很安全，那他爲什麼人不在這裡？而我母親又在哪裡？

我還有更多問題要問費歐娜醫師，但我卻想不起那些我所需要的單字。看起來她瞭解我的狀況。「妳遇到了一件很不好的事，」她說道。「但是妳現在安全了。」

先前發生了什麼事？我試著回想。各種畫面在我的腦海中浮現。我不知道哪些是眞的，哪些是我的夢境。

我和父親搭乘一輛巴士，有兩名男子槍擊我們。

我看見群衆團團圍住我。我躺在一張床，或也可能是一張擔架上。我看不見父親，我試圖大叫，爸爸在哪裡，我的父親在哪裡？但我說不出話來。後來我看見了他，我因此覺得開心並鬆了一口氣。

我感覺到有人壓在我的身上，一個男人，他的雙手放在我的脖子上，準備要掐死我。

我人在擔架上，而我父親伸出手要來碰我。

我試著醒來，要去上學，但我醒不過來。後來我看到學校和同學，但我卻碰不到他們。

我看見一位身穿黑衣的男子用槍指著我。

我看見幾位醫師試圖要將一根管子插進我的喉嚨。

我告訴自己：*妳已經死了*。但緊接著我卻意識到天使還沒來問我那些穆斯林死後會被問到的問題：*誰是妳的眞主？誰是妳的先知？*後來我便理解自己不可能已經死了，接著我又反抗又掙扎又踢又踹，試著要從這場可怕的噩夢中醒來。

這些畫面看起來都非常眞實，然而我知道它們不可能全是眞的。無論如何，我最後來到這個叫做伯明罕的地方，身在一間滿是機器的房間裡，身旁陪伴我的只有一隻綠色的泰迪熊。

25 困難與解決的辦法

住在醫院那段日子的前幾天，我的思緒不停在夢境與現實世界間來回不定。我以爲自己中槍了，但我不確定——那些畫面究竟是夢還是回憶？

我也記不起某些單字。我寫字給護士，想要一根電線好拿來清潔牙齒。我的頭痛個不停，隨時都像有誰在重重的打擊我；我看見的東西都有疊影；我幾乎聽不見；我無法移動自己的左臂或闔上左眼——但不知道爲什麼我只想清潔自己的牙齒。

「妳的牙齒都很健康，」醫生們都這麼說。「但是妳的舌頭麻掉了。」我試著搖搖頭。不對，我試著解釋，有東西卡在我的牙齒裡。但搖頭的動作會讓我感受到那剃刀般的痛楚，因此我動也沒動。我說服不了他們，而他們也說服不了我。

後來我發現自己的綠色泰迪熊不見了。一隻白色的熊取代了它的位置。我對那隻綠色的泰迪熊情有獨鍾，因爲是它陪伴了我度過甦醒過後的第一天；它對我有恩。

我拿起筆記本，然後寫道：綠色的泰迪熊怎麼不見了？

沒有一個人給我想要的答案。他們說那隻泰迪熊就是從第一天開始陪伴我的那隻。這裡的燈光和牆壁讓它身上帶有綠色的光彩，但那隻泰迪熊是白色的，他們說它自始至終都是白色的。

同時，我房間內的亮光讓我覺得很難受，就像是灼熱的白色短刀刺進我的眼睛一樣，尤其是我可憐的左眼，它根本就闔不上。把燈關掉，我在筆記本上懇求他們。

護士們盡了她們最大的努力讓室內變暗，可是一旦我的痛苦減輕之後，我的思緒便又圍繞回我父親身上。我父親呢？我在筆記本上又寫了一次。當你不能移動，聽不見，又看不清楚，你的思緒就會轉啊轉的——而我的思緒不停回到同一個問題上。我的父親在哪裡？

★

每一次有不同的醫生或護士進到我的房間幫我換床單或檢查我的視力，我就會遞給他們我的筆記本，然後指向那個關於我父親的問題。他們都要我別擔心。

但我就是會擔心。我無法不去想。

我同時也很煩惱怎麼支付這些費用。每次只要看到醫生在跟護士說話，我就很確定他們是在講：「馬拉拉沒有錢。馬拉拉付不起她的醫療費用。」有一位醫師隨時看起來都很難過，因此我寫了一張字條給他。為什麼你這麼難過呢？我問他。我猜想是因為他知道我付不出錢來。但他回答我：「我沒有在難過啊。」

誰會付錢？我寫道。我們家沒有錢。

「別擔心，你們國家的政府會付錢。」他說道。在那件事之後，他每次看到我都會微笑。

後來有另一個新的煩惱糾纏我。我的父母知道我人在這裡嗎？說不定他們遊走在明戈拉的大街小巷找我。但我是個滿懷希望的人，也因此每當我遇到困難，我永遠都會去思考解決的辦法。所以我想到，我要走到醫院的接待處，跟他們借電話，這樣我就可以打電話給我父母。

但後來我才意識到，我付不起那麼昂貴的電話費。我甚至也不知道要怎麼從這裡打電話到巴基斯坦。後來我想，我必須離開這裡，開始工作賺錢，這樣我才買得起一具電話，並打電話給我家人，這樣我們才能夠再次團家團圓。

★

費歐娜醫師走進我的病房，遞給我一張報紙的剪報。那是一張照片：我父親站在巴基斯坦軍隊的參謀總長旁邊。我父親還活著！而在那張照片背景後方的人則是阿塔爾！

我露出微笑。我遭遇了不好的事情，但我還活著，而且現在我知道我父親也還活著。這是一個感謝上天的好理由。

然後我注意到一個戴著披巾的人影坐在照片後方，跟我弟弟坐在一起。我只認得出她的腳。那是我母親的腳！

那個人是我母親！我寫給費歐娜醫師看。

那晚，我的睡眠品質稍微好了一些。那是一場充滿奇異夢境的睡眠。我夢見躺在一張床上，床的周圍很多人圍繞著。我夢見自己被槍擊。我夢見炸彈爆炸。我會醒來，四下尋找綠色泰迪熊，但總是只找得到白色的那隻。

如今我知道家人都很安全，我開始把所有的時間都花在擔心我們要怎麼支付我的醫療費用。很顯然地，我父親留在家鄉是因爲他要把我們所擁有的少數家產都變賣掉，好支付這筆費用。我們住的房子是租來的；學校的建物也是租來的。就算他把我們家所有的東西都賣光，也絕對不夠付這筆錢。他正在跟人借錢嗎？他正在打電話給朋友商量借款的事嗎？

那天稍晚，曾用烏爾都語跟我說話的亞維德·卡亞尼醫師走進來，身上帶著他的行動電話。「我們要打電話給妳的父母。」他實事求是的說道。

我不敢相信。

「妳不能哭，」他語氣堅定地說。「妳不能抽泣。妳要堅強。我們不希望妳的家人擔心。」

我點點頭。從抵達至今，我一滴淚都沒流過。我的左眼不停溢出淚水，但我沒有哭。

經過一連串的嘟嘟嗶嗶聲以後，我聽見了父親親切又熟悉的聲音。「親親？」他說道。「妳覺得身體狀況怎麼樣啊，我的小親親？」

因爲喉嚨插管的緣故，我沒有辦法回答他。又因爲我的臉部僵硬，我也沒有辦法微笑。但我在內心綻開笑容，我知道我父親能夠感受得到。

「我很快就會過去，」我父親說道。「現在去休息吧，我們兩天之內就會到妳那兒。」

他的聲音既響亮又開朗。也許有點太過開朗了。

於是我理解到：有人告訴他不要哭。

26 一百個問題

我在粉紅色的筆記本裡寫了一張新的字條，鏡子。

當我的願望實現，護士們拿了一面白色的小鏡子來給我時，我被鏡中的影像嚇了一大跳。我理掉了半邊的頭髮，原有的長髮全部消失。我的左眉上縫了好幾針，左眼的周邊被一片巨大的紫色和黃色瘀青所圍繞。我的臉腫得跟甜瓜一樣大，而我左邊的嘴角往下拐成了一張撇嘴。

這個可憐、面貌歪斜的馬拉拉是誰？她到底遭遇到了什麼事情呢？

我很疑惑，但我並不難過。只是好奇罷了。而我不知道如何表達當時的感受。

我的頭髮現在變得很小是我當時唯一能寫出的句子。

是塔利班剃掉了我的頭髮嗎？我心想。

我怎會成變這樣？我寫道，我的用字遣詞亂成一團。當時到底發生了什麼事？

費歐娜醫師重複了她常告訴我的話。「妳遇到了一件很不好的事，但是妳現在安全了。」

但這一次這樣的答案滿足不了我。我手指著我寫的字。

我被槍擊了嗎？我寫道。我動筆的速度趕不上我心中的疑問。有其他人受傷嗎？我心想。當時現場有炸彈嗎？

我被這些頭疼、破損的記憶和讓我沒辦法說話的管子弄得很沮喪。我開始變得侷促不安。我會離開這裡，找到一臺電腦，這樣我就有辦法檢查我的電子郵件，同時問別人發生了什麼事。我看見費歐娜醫師掛在腰間的電話，便打暗號給她，告訴她我想要電話——我假裝在手掌上撥號，然後把那支「手機」放到我的耳邊。

費歐娜醫師輕柔地把手放到我的手腕上，並嘆了一口氣。接著她語調平和而緩慢地對我說道。「妳中彈了，」她說道。「在巴士上，在妳從學校回家的路上。」

他們果然下手了，我心想。塔利班真的實踐了他們的預告。我氣炸了。不是因爲他們開槍打我，而是我沒有機會跟他們講到話。現在他們永遠也聽不見我當時想要說的話了。

「另外兩名女孩也受傷了，」費歐娜醫師說道。「但她們都沒有大礙。夏席雅跟卡內。」

我認不得這些名字。或者也可以說，就算我認得，我也記不起這些女孩的長相。

她解釋說，子彈擦過我的太陽穴，靠近我的左眼，然後往下穿過十八英寸進入我的左肩，就此停在裡面。它本來有可能射穿我的眼睛或射進我的腦袋，她如此說道。「妳還能活著真是個奇蹟。」

我試圖回話，但想起自己無法發聲。

我拿起鏡子，並指著靠近太陽穴的一小撮黑點。

費歐娜醫師微微扮了一個鬼臉。「火藥。」我抬起左手，讓她看到更多在我左手上出現的黑點。「那些也是火藥，」她說道。「妳一定是在最後一刻抬起手去遮擋妳的臉。」

我必須承認，我以前對自己的外表很介意。我一直都不滿意自己的長相。我的鼻子太大了。我的臉上有可笑的黑點。我的膚色太深。就連我的腳趾頭都長得太長。

但看著鏡中的馬拉拉時，我心裡只湧現好奇心。我就像是一位在研究標本的科學家。我想知道到底確切發生了什麼事，子彈從哪裡穿過，它又造成了什麼影響。我對眼前的景象深深著迷。

我不覺得難過，我不覺得害怕。我只是在想：我的長相並不重要。我還活著，我應當心存感激。

我瞄了一眼費歐娜醫師。她把一盒面紙放在我倆的中間，我這才理解到她以爲我會因此流淚。也許原本的馬拉拉會哭。但當你差點失去性命，鏡中那張逗趣的臉則成了你還活在這世上的直接證據。我只是想知道更多因爲這顆子彈帶來的損傷。它有穿過我的大腦嗎？是因爲這樣我才聽不清楚的嗎？爲什麼我闔不上我的左眼？而這一切又跟我的左臂有什麼關聯？

我準備了一百個問題要問費歐娜醫師，但我只寫出一個：我最快什麼時候能夠回家？

27 度日如年

有一天，另一名費歐娜來到我的病房。她的全名是費歐娜·亞力山德，她告訴我她是醫院新聞處的主管。我覺得這件事情聽起來很有趣。我無法想像史瓦特的醫院也有一間新聞處。

她說院方想爲我拍張照片。我認爲這件事情眞的很好笑。怎麼有人會想要幫現在的我拍照呢？

可以幫我拍照嗎？費歐娜又問了一次。我不明白拍我一臉腫脹躺在病床上的照片的意義何在，但這裡的每一個人都對我很好，因此我也想要回報他們。而且我在想，或許我的父母也會看到這張照片，這會給他們帶來希望，並且讓他們更快來到我的身旁。我同意了，但我有兩點要求：我要一條披巾，這樣我才能遮住自己的頭髮，而且我請她從我的右側拍照。我的左臉現在還不太合群。

住在醫院最難熬的事情是無聊。當我在等待家人來臨的那段時間，我凝望著房內的時鐘。指針的移動讓我再次確認自己仍確確實實地活著，也能幫助我計算我的家人還有多久會到。在我還住在家裡的時候，時鐘向來是我的大敵——它會在早晨偷走我的睡眠，當下我一心只想躲藏在毯子裡面。我等不及要告訴家人，我終於跟時間變成好朋友了——而我的人生也第一次開始進入早起的階段了！每天早上，我心急如焚地等到七點鐘。這時候，我的朋友們，例如在醫院上班的伊瑪跟其他兒童醫院的護士會來找我，陪我打發時間。

當我視力差不多復原以後，他們帶了一臺DVD播放器和一疊DVD來給我。我初到那裡的時候，他們會打開電視讓我看——我看了幾分鐘的BBC頻道，他們當時則是在聊美國的總統大選，候選人有現任總統巴拉克．歐巴馬和其他人，後來他們把電視轉到播放「廚神當道」（Master Chef）的頻道，當我人還在巴基斯坦的時候也會看——但我的眼前仍是霧濛濛的一片。後來我請他們幫我把電視關掉，且再也不提想看電視的要求。

但我的視力現在好多了，雖然我還是會看到一些些疊影。我得從《我愛貝克漢》、《歌舞青春》、《孟漢娜》和《史瑞克》之間先選一部看。我選了《史瑞克》。我超喜歡，因此馬上就接著看了續集。

有一位護士發現，若她用紗布把我損傷的那隻眼睛遮住，我的複視症狀就會減輕。同時，我的左耳仍會滲血，而我的頭也仍在抽痛。但在一隻綠色食人魔和一頭會說話的驢子的陪伴下，我度過了等待父母來英國的日子。

★

在第五天的時候，我喉嚨上的插管拿掉了，我又可以說話了。差不多同一時間，我把手放在自己的肚子上，摸到某個怪怪的東西。皮膚底下有一個堅硬的突起物。「這是什麼？」我問其中一名護士。

「那是妳的頭蓋骨。」她這麼跟我說。

我很確定自己聽錯了。我聽力不好，也容易把字弄錯，而我以爲她竟然說我的頭蓋骨在我的肚子裡！

費歐娜醫師過來跟我解釋情況。當子彈打中我的太陽穴時，它造成骨頭碎裂，並將一些骨頭的碎片送進我的大腦內部。這個衝擊導致我的大腦腫脹，因此巴基斯坦的醫師們移除了我一部分的頭蓋骨，讓腦部得以延展。爲了保障頭骨的安全，他們把它放進我的腹部之中。

我有很多問題想問費歐娜醫師；這就好像我又回到學校上生物課一樣。我想知道他們確切是用何種方式移除我的頭骨。「用一種鋸子。」費歐娜醫師這麼回答我。「在那之後呢？」我又問她。

費歐娜醫師解釋說，手術很成功，但我後來被感染，身體狀況開始變差。我的腎臟和肺部開始衰竭，很快我就瀕臨死亡邊緣。因此醫師們將我麻醉，讓我陷入昏迷狀態；這樣我就能飛到英國接受更好的治療。

「妳是搭私人飛機過來的。」她說道。

「私人飛機？妳怎麼知道？」我問她。

「因爲我當時也在那架飛機上，跟妳在一起。」她如此回答我。

我後來才知道飛機是由阿拉伯聯合大公國提供的，機上有完善的醫療設備。

費歐娜醫師解釋道，她跟亞維德醫師當時人在巴基斯坦，針對軍醫如何設置肝臟轉移機制一事提供建議。他們聯絡亞維德醫師，希望他能提供協助，而他則把費歐娜醫師也帶過來，因爲她是兒童緊急醫療的專家。她承認要飛到白沙瓦讓她有點緊張，因爲那裡對外國人來說變得很危險。但當她發現我長期以來提倡少女權益時，她就過來了。

她與亞維德醫師告訴巴基斯坦的醫療團隊，除非我轉院到設備更精良的醫院，否則我沒辦法存活，因此我的父母同意讓我跟著他們離開。費歐娜醫師與亞維德醫師在我的身旁待了近兩個星期。難怪他們對我的態度好像從很久以前就認識我一樣。

費歐娜醫師得去照料其他情況比我更嚴重的病童，但我還能夠問她最後一個問題。

「我陷入昏迷，」我問她。「多久？」

「一星期。」

我生命中有一星期不見了。在那個時候，我被槍擊，我動了一場手術，差點死掉，更飛到了世界的另一邊。我第一次飛離巴基斯坦是搭乘一架私人飛機，而且是爲了拯救我的性命。

世界就在我的身旁繼續轉動，而我什麼也不知道。我很好奇自己還錯過了些什麼。

28 闔家團圓

在我脖子的插管移除之後，我又跟父親講了一次電話——這次我眞的可以講話了。他曾說過兩天之內就會到我身旁。但兩天變成又要多兩天。

亞維德醫師安排了第三通打到巴基斯坦的電話。我父親保證全家人很快就會過去那兒——只要再給他一天就可以了。

「請幫我把書包帶過來，」我懇求他。「快要考試了。」

我以爲我很快就要返家，也很快就要回到班上競爭第一名的寶座。

隔天，也就是我住院的第十天，我從加護病房轉移到另一間病房。這間病房有一扇窗戶。

我曾期盼伯明罕會像是我在電視上看過的那些城市一樣。例如像紐約市，有很多高樓大廈和汽車與繁忙的交通，在街上的男性都身穿西裝，在街上的女性也是。但當我往外看去，我只看到一片像是陳舊茶壺色彩般的天空，陰雨綿綿又灰暗。下方有很多房子，整齊劃一，平和有組織。我無法想像會有一個國家內的每一棟房子看起來都是同一個樣。一個看起來沒有太陽的國家。高山哪兒去了？瀑布呢？

★

那天稍晚，亞維德醫師跟我說我父母正在往這邊的路上。起初我不敢相信，直到他幫我把床調整立起，這樣我就能夠在他們抵達的時候坐著跟他們打招呼。距離我跑出位在明戈拉的家、嘴裡喊著再見去上學的日子已經有十六天了。在那段期間，我待過四所醫院——一開始在明戈拉，然後轉去白沙瓦，然後轉去拉瓦爾品第，最後才到了這兒，也就是伯明罕——並遠行了數千里之遙。我認識了許多優秀的醫師和護士，與其他醫院員工。我一次也沒掉淚。不論是護士幫我拔除頭上的訂書針，不論是他們把針筒插進我的皮膚，不論是燈光像短刀般刺進我的雙眼時都沒有流淚。

但當房門打開，我聽見熟悉的聲音喚我親親和喵喵，而且所有人都往我身上靠過來，不停擦拭眼淚、不停親我的手，因爲他們不敢貿然去碰我身體的其他部位時。終於，我哭了。我哭了又哭，哭個不停。喔，我哭得可慘了。

而在我的生命中，第一次，甚至連我那些煩人的小弟弟都讓我開心不已。總算，在經歷了我們生命中最可怕的十六天之後，我們終於又團聚了。

★

在我們都止住眼淚之後，我們花了點時間好好端詳彼此。父母老邁的倦容讓我相當震驚。從巴基斯坦搭機過來的長途飛行讓他們疲累不已，但不只是如此。忽然間，我看到他們長了些白髮和皺紋。他們一直都是如此嗎？抑或是這一次的磨難使他們變得更爲老邁呢？

我敢說，他們也被我現在的容貌給嚇到了。他們試圖隱藏起這樣的情緒，但我可以從他們的眼中看出擔心。他們小心翼翼地碰我，就好像我可能會碎掉一樣。但怎麼能怪他們？透過鏡子的反射，我知道有半邊臉是不會動的。我的臉部已經消腫，但左眼還是腫的，我有一半的頭髮消失了，而我的嘴有半邊是下垂的。

同時間，我很高興找回了自己的聲音，但我卻還沒有意識到自己只能像寶寶一樣使用那些簡單的句子，彷彿我只有三歲。直到我看見阿塔爾臉上的表情，這才理解到自己說的話聽起來一定很奇怪。

我試著要藉由微笑來讓他們放心。別擔心，我想要這麼說。以前那個馬拉拉還在這兒。

但當我一微笑，一道陰影就奪走了我母親臉上的神采。我以為自己在露齒而笑——但看在我父母的眼中，我的表情更像是某種古怪、歪曲的撇嘴。

「爸爸，那些人是誰啊？」我問他。

他知道我在問什麼，我想要從他口中知道是誰對我下的毒手。

「親親，先別問這些問題。一切都沒事了。我們全家現在都在這裡。」接著他詢問我現在的感覺，我的頭痛是不是已經好了。

我知道他想轉移話題，雖然我希望他能回答我的問題，我仍順著他那麼做。

★

我父親，我自豪的帕什圖父親，不像是他自己。現在的情況就好像他也中彈了一樣；他看起來也在承受某種生理上的痛楚。

有一天，當我倆單獨在一起的時候，他抓住了我的手。「親親，」他說道，「如果可以的話，我願意承受妳的每一條傷疤、妳每一分鐘的痛苦。」他的眼眶充滿淚水。「他們威脅過我很多次。妳承受了應該射向我的子彈。他們要的人是我。」然後他還說，「人們在生命中都會經歷歡笑和苦痛。現在妳一次擔起了所有的苦痛，妳剩下來的人生將只會充滿歡笑。」他沒有辦法繼續說下去。

但他什麼都不必再說，我知道他也在承受同樣的苦痛。他一刻也沒有質疑過我們的理念的正當性——但這個理念卻讓他的女兒差點喪命。

世界有時是如此的不公平。我人在這兒，一個曾對著來自世界各地的攝影機說話的女孩——但我受了傷的可憐大腦卻想不出任何字句，讓我能夠安慰這個在世界上我最親愛的人。

「我不痛苦，爸爸，」我想這樣跟他說。「因此你也不需要痛苦。」

我露出歪曲的微笑，簡單地跟他說：「爸爸。」我父親雙眼泛淚的也對我笑。我知道他完全明白我腦海裡在想些什麼。我們之間不需要文字。某個角度來說，我們共享了這趟旅程的每一個腳步，最後讓我們來到這間醫院的病房。而我們也將繼續共享未來的每一步。

一會兒之後我母親也過來了。我才剛開始重新學走路，但我仍需要人來攙扶我去浴室。從我們初會面的那天起，我母親試著不去盯著我的臉看。但當她引導我進浴室時，我注意到她偷偷朝鏡中的我瞄了一眼。我們的眼光相遇了片刻，然後她別開了雙眼。

接著她小小聲地說：「妳的臉，」她問我。「會好嗎？」

我告訴她醫生跟我說過的話：我還得動好幾次的手術，並接受好幾個月的物理治療，但我的臉的狀況最後會好轉。不過它再也不會跟以前一樣了。

當她陪我走回我的病床時，我看著我的父母。「這是我的臉，」我說道。「我接受它現在的樣子。現在，」我溫柔地說道，「你們也必須接受它。」

我還有好多話想對他們說。我有時間去習慣這張新的臉。但這對他們來說是一顆震撼彈。我想要讓他們知道，我不在乎自己的長相。這個曾花好幾個小時去撥弄頭髮，為了自己的身高問題而苦惱不已的我耶！當你經歷過死亡，我想要這麼說，世界就變了。我能不能夠眨眼或微笑都不打緊。我還是我，馬拉拉。

「我的臉。無關緊要，」我說道。「真主賜給了我新生命。」

我能夠康復是上天的祝福，是真主以及所有關心我、為我祈禱的人所贈送給我的禮物。而我現在心平氣和。不過當我在伯明罕看著史瑞克和他那隻會說話的驢子時，我可憐的父母人在千里之外承受他們自身的哀慟。

當他們痛苦的時候，我正在復原。但從那天開始，我們全家將開始一起走出傷痛。

29 填補那些空白

接下來的幾天，我的父母把時間花在讓我知道從我受槍擊到我們團圓為止的十六天之間發生了什麼事情。

我聽到的故事如下：

在巴士司機烏斯曼．巴海．貞一意識到發生什麼事情了以後，他就直接驅車前往史瓦特中央醫院。其他的女孩子都在尖叫和哭泣，我則躺在莫妮芭的膝蓋上淌血。

事發當時，我父親出席了一場私立學校協會所辦的聚會，人正站在講臺上發表演說。當他演講結束，並知道發生什麼事情後便立刻趕往醫院。他發現我躺在一床擔架上。我的頭上纏著繃帶，我的雙眼緊閉，我的頭髮散亂。

「我的女兒，妳是我勇敢的女兒，我美麗的女兒。」他一次又一次的對我說道，就好像我會因為他這麼做而醒過來一樣。我在想，即使我當時失去意識，我應該知道他人就在我的身旁。

醫生們告訴他子彈並沒有射進我的大腦，傷勢並不嚴重。很快地換由軍方接手，下午三點鐘，我人在一輛救護車上，準備要換搭直升機前往另外一家位於白沙瓦的醫院。由於沒有時間等我的母親，因此在我父親抵達醫院後不久也趕到的瑪麗安女士堅持要跟我們同行，以免情況忽然需要女性的協助。

一開始，我母親聽說我是腳部中彈。後來她又聽說是腦部中彈。聽到這則消息時，鄰居們流著淚擠到我們家中。「別哭，」我母親如此說道。「祈禱。」當直升機飛過我們那條街的上空時，她立刻跑上屋頂。而當她看著直升機飛過，心知我人就在裡面時，我母親脫下了她頭上的包巾，這對一名帕什圖女性來說是極爲難得的動作，她將包巾用雙手拿著高舉至天空，如同進獻供品。「主啊，我將她託負給祢。」她這麼說道。

可憐的阿塔爾在放學後打開電視才知道槍擊案件。而他也理解，若不是他亂發脾氣、硬要待在車尾的話，他人也會在那輛巴士上。

槍擊案過後的幾小時內，巴基斯坦的電視頻道都在播放我的影片，同時搭配了許多禱詞和詩句。正當此時，我剛剛抵達位於白沙瓦的軍事綜合醫院，在那裡的一名神經外科醫師朱奈德上校檢查了我的身體狀況，並發現了一件令人驚訝的事情：子彈還留在我的體內。他很快就發現史瓦特的醫師告訴我父親的信息是不正確的——事實上，子彈曾經非常接近大腦。

他告訴我父母，因爲我的腦部持續腫脹的緣故，他必須要把我一部分的頭蓋骨割除，這樣大腦才有空間能擴張。「我們現在就必須動手術，不然就沒有機會了。」他說道。雖然他的上級被告知我必須立刻轉送到國外，但朱奈德上校對他的決定相當堅持——而也是這個決定救了我一命。

手術過程達五個小時，我母親全程祈禱。從她開始祈禱的那瞬間，她就感受到一股祥和。從那時刻起，她就知道我會撐過去。

但在我中槍兩天之後，我的情況開始變差。我父親深信我會死去，因此他開始思考喪禮要如何舉行。他試圖壓抑自己不要去思考過去，不要去想他是否不應該鼓勵我去發表公開言論和提倡教育的改革。

兩位英國醫師剛好就在鄰近的拉瓦爾品第，於是軍方便找他們一同討論。他們正是費歐娜醫師和亞維德醫師——而他們正是我後來的救命恩人。

費歐娜醫師跟亞維德醫師說，若我繼續留在白沙瓦，我的大腦有可能受損，或甚至面臨死亡。他們對這裡的醫療品質不放心；他們認爲我很有可能會併發感染。雖然她理應飛回伯明罕，但費歐娜醫師留了下來，並為我安排醫療轉送，利用飛機載到另一家位於拉瓦爾品第的軍醫院。

新的這間醫院的警戒很森嚴，因為塔利班有可能會發動另一次襲擊。我的家人都被收容在一間鄰近醫院的軍人旅社中，而且因為旅社無法上網，他們幾乎沒有辦法獲得外界的訊息。當時他們並不知道我的遭遇已經傳遍了世界各地，許多人呼籲我應該要出國治療。是因為旅社內一名好心的廚師拿了些報紙給他們，我的父母才發現原來整個世界都知道我的槍擊案件。

當我的情況危急的時候，軍方很少與我父母商討我的後續治療。沒有多餘的時間，軍方負責決定一切。費歐娜醫師堅持我應該要跨海到其他國家接受更完善的醫療。最後他們決定轉送我到亞維德醫師位於伯明罕的醫院，也就是伊莉莎白女王醫院。但我必須在四十八小時內進行轉送，最長不能超過七十二小時。由於我母親和兩個弟弟都沒有護照或相關文件，因此軍方告訴我父親，這趟旅程得由他陪我前去。

他處於一個兩難的情況之中。如果他跟我一起出國離開，他就必須把他的妻子和兩個兒子留在拉瓦爾品第，而他們有可能會遭到恐怖攻擊。因此他做了一個決定：「發生在我女兒身上的事情已經無法挽回了，」他告訴亞維德醫師。「她現在在真主的掌握之中。我必須跟家裡的其他人待在一起。」

亞維德醫師再三向他保證他們會負起好好照顧我的責任。

「當馬拉拉遭受槍擊的時候，你們竟然也都剛好在這兒，這不就是奇蹟嗎？」我父親說道。

「我相信，眞主在讓麻煩降臨以前，一定會先送來解答。」亞維德醫師如此回答他。

於是，我父親簽了一紙文件，指定費歐娜醫師成爲我這趟赴英之行的合法監護人。當他遞出我的護照時，他臉上滿是淚水。

雖然我已經不記得了，但我的父母在十月十四日的晚上十一點跟我道別。這是他們在巴基斯坦跟我見的最後一次面，而他們要到十一天之後才有辦法再見到我。我父親內心很不願意讓我獨自一人在異國醒來。他很擔心我可能會弄不清楚狀況，也會覺得自己被家人遺棄了。但他保證已經有人在幫忙處理護照和簽證的問題，他們幾天之內就會來到我的身邊。

他並不知道一位政府官員刻意延誤了他們的出國尋親的時程，因爲他想要與他們同行。等待的過程讓人覺得遙遙無期。

初到白沙瓦的那幾天，在恐慌與哀傷的氣氛之中，我父親問了我母親一個問題：「是我的錯嗎？」

「不是，帥哥，」她回答道。「你又不是要馬拉拉去偷去殺去犯罪。你們的理念很正當。你不應該因此怪罪你自己。應該要覺得羞愧的人是塔利班，他們竟然射傷一個孩子，還有政府，他們竟然沒有保護她。」

在那個時候，塔利班發表了一則聲明，說他們射殺我的原因，是因為我所提倡的教改運動，「很猥瑣。」他們說，他們找了兩名史瓦特的當地人蒐集和我有關的資料，並記下我上學的路徑，他們也刻意選在靠近軍隊檢查哨的地方發動攻擊，以此證明他們下手不受限於任何場所。他們的殺人標記就是對頭部開槍。

另外兩名同一天中彈的女孩夏席雅和卡內也逐漸康復。卡內的手臂被一顆子彈擦過，而夏席雅則是手掌和鎖骨左側中槍。兩顆子彈，三處傷痕。

我竟然錯過了這麼多！此外，當我的父母告訴我這些當我陷入昏迷，或是待在我的無窗病房期間所發生的所有事情時，在我聽來就彷彿他們是在跟我說另外一個人的故事一樣。我會覺得這些事情好像發生在另外一個女孩的身上，而不是我自己的。

或許，那是因為關於這次的槍擊事件，我才什麼也不記得。一件事情都沒留在我的腦海中。

針對為什麼我不記得這次的攻擊事件一事，醫師和護士們提供了許多複雜的解釋。他們說，這是由於大腦的保護機制使然，它讓我們不用去回憶起那些過於痛苦的記憶。或者，他們說，我的大腦可能在受傷一開始就停止了運作。我熱愛科學，而我最愛做的事情，就是提出一個又一個的問題，讓我能夠瞭解事物是如何運作的。但我並不需要科學知識來解釋我為什麼不記得這次攻擊事件的過程。我知道原因：真主對我很仁慈。

當我這麼回答時，他人通常沒有辦法理解。我猜想，除非你曾瀕臨死亡，否則你無法理解。死神曾跟我擦肩而過，但看來，死神不想要我的性命。

★

很顯然地，許多人都試圖要來拜訪我。記者、名人，還有一些政治家。但為了讓我能夠好好靜養，院方幫我將他們都阻擋在外。

有一天，一名位高權重的巴基斯坦部長來訪，他跟我父親見了面。

他說，政府為了找出射傷我的人，已經翻過了國家的每一寸土地。我父親沒答腔，他知道這不過就是一場空談。他們就連殺害班娜姬．布托的犯人都找不到。

只有一個人在槍擊案之後入獄——我們親愛又可憐的巴士司機。軍方的回答是說，他們拘禁他的原因，是因爲這樣才有辦法指認出槍手。但爲什麼他們要逮捕我們的司機而不是那名槍手？眞是瘋了。

那名首相還同時問我父親，我能不能「爲國家笑一個。」他並不知道這件事我實在心有餘而力不足。我父親很不開心，但是他依舊默不作聲。我父親，一個敢於跟塔利班回嘴的人，學到了有時候沉默不語和大聲抗議具有同樣的功效。

★

當我終於看了新聞，我才知道法茲魯拉的發言人表示，塔利班對我開槍是出於「被迫」，因爲我不肯停止公開譴責他們的行爲。

他們跟媒體說，他們曾警告過我，但我不肯罷休。

我犯下的其他罪行呢？我爲教育與和平發聲。他們把此事解讀成我認同西方教育，而這是違反伊斯蘭教義的，至少他們是這麼認爲。

塔利班會再次試圖殺害我，法茲魯拉說道。「讓這件事成爲一起教訓。」

的確，這事是一起教訓。我母親說的話很對，她當時引用神聖《可蘭經》的內文。「謊言必敗。」多年前，當我在猶豫是否該幫BBC撰寫部落格時，她曾這麼對我說。「而眞理必須向前進。」

眞理永遠都會贏過謊言。這一句貨眞價實的伊斯蘭信念引導我們走上我們選擇的道路。

塔利班想藉由取我的性命來讓我閉嘴。不過相反地，現在整個世界都能聽到我所發出的訊息。

在巴基斯坦國父——真納的陵墓前留影。

與我的父親在史瓦特的白色皇宮合影。

史瓦特的學校爆炸案現場。（Copyright © Sherin Zada）

我就是搭乘這輛巴士時遭到槍擊。
（Copyright © Rashid Mahmood / AFP / Getty Images）

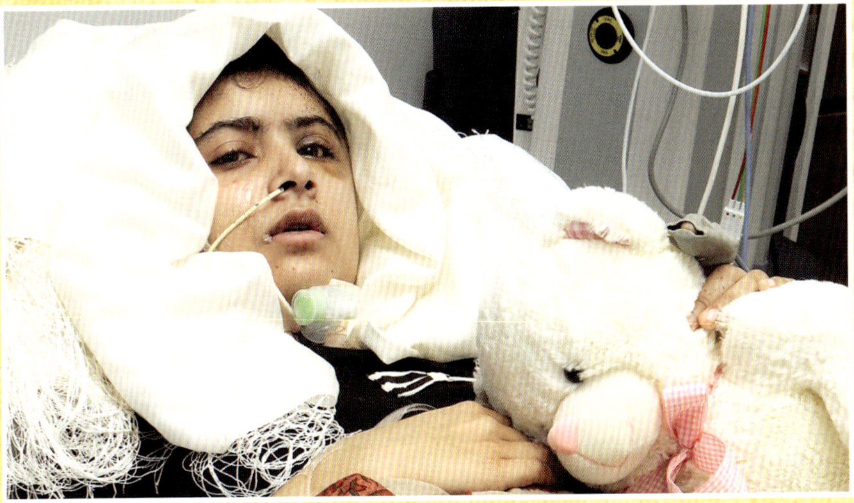

在伯明罕醫院裡的第一天。（Copyright © University Hospitals Birmingham NHS Foundation Trust; used with the kind permission of the Queen Elizabeth Hospital in Birmingham）

我收到人們來自世界各地的信件和祝福。

我正在醫院裡看書。（Copyright © University Hospitals Birmingham NHS Foundation Trust; used with the kind permission of the Queen Elizabeth Hospital in Birmingham）

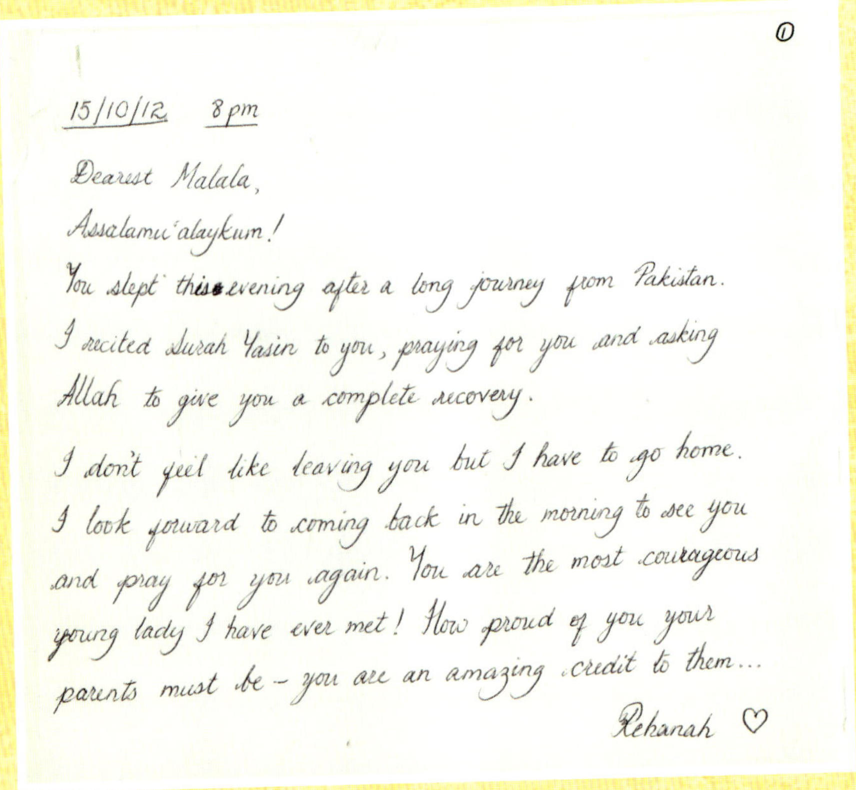

(1)

15/10/12 8 pm

Dearest Malala,

Assalamu'alaykum!

You slept this evening after a long journey from Pakistan. I recited Surah Yasin to you, praying for you and asking Allah to give you a complete recovery.

I don't feel like leaving you but I have to go home. I look forward to coming back in the morning to see you and pray for you again. You are the most courageous young lady I have ever met! How proud of you your parents must be – you are an amazing credit to them...

Rehanah ♡

醫護人員爲我保留這個日誌。這是第一頁內容。

我的朋友們幫我保留了我在學校的座位（最右邊）。

與我父親和阿塔爾在麥加的卡巴天房前合影。

在我十六歲生日當天發表演說，聯合國宣布這天為馬拉拉日。
（Copyright © UN Photo / Rick Bajornas; used with the kind permission of the United Nations Photo Library）

在聯合國（由左至右）與第六十七屆聯合國大會主席武克・耶雷米奇、祕書長潘基文、聯合國全球教育特使高登・布朗合影。
（Copyright © UN Photo / Rick Bajornas; used with the kind permission of the United Nations Photo Library）

在約旦的扎阿特里難民營倡導受教權，並與一位十五歲的敘利亞難民瑪祖恩合影。（Copyright © Tanya Malott, provided by the Malala Fund）

與敘利亞難民一同坐下祈禱能有個光明與和平的未來。（Copyright © Tanya Malott, provided by the Malala Fund）

在約旦的難民安置所，與我父親和西莎・沙伊德一同發送學校用品給敘利亞的孩童。（Copyright © Tanya Malott, provided by the Malala Fund）

我們一家人在伯明罕的新家外合影。（Copyright © Mark Tucker）

30 來自世界各地的信息

費歐娜‧亞力山德拿了一袋卡片給我。那天是宰牲節，也就是「大節」，以前適逢這個節日時我們都會去香拉一趟。因此我就想，真好，朋友們寫節慶卡給我耶。但我心想：他們怎麼會知道我人在哪裡呢？

緊接著我就注意到郵戳日期。十月十六號，十月十七號。這些日期都是槍擊事件剛結束之後。這些卡片與節慶無關，這些是來自世界各地的人寫給我的卡片，要祝我早日康復。寫的人有很多都是孩童。我被那些卡片的數量嚇了一跳。

「妳看到的只是冰山一角。」費歐娜說道。她說寄給我的信總共有八千封。有些信上的地址只簡單寫了「馬拉拉，伯明罕醫院」。有一封則是寫寄給「頭部中槍的女孩，伯明罕」。

也有包裹。一盒又一盒的巧克力。還有各種大小的泰迪熊。其中最珍貴的，應該算是班娜姬．布托的孩子寄給我的那一個包裹吧。包裹裡有兩條圍巾，都是他們的母親生前所擁有的。

還有政府首長、外交官，以及電影明星寫給我的訊息。賽琳娜．戈梅茲（Selena Gomez）在推特上發表了跟我有關的消息，碧昂絲在臉書上祝我一切安好，而瑪丹娜則爲我獻唱了一首歌。就連安潔莉娜．裘莉都有發信息給我。這些事情讓我又驚又喜，但也讓我困惑——因爲我的大腦還沒辦法正常運作。

安潔莉娜．裘莉怎麼會知道我是誰？

當我人在無窗的病房中，不知道外界發生什麼事情時，外界卻清清楚楚地知道我發生了什麼事。費歐娜告訴我，有超過兩百名來自世界各地的記者到醫院想要採訪我。從我抵達至今，我只有一天試著要去看ＢＢＣ，但我當時視力還未康復。如今我知道了：我就是電視上的新聞。

許多人爲我祈福。費歐娜醫師、亞維德醫師，與每一個包括巴基斯坦和英國的超棒的醫生與護士挽救了我的肉身。而人們的祈禱和支持則挽救了我的性命。

太不可思議了。當我在醫院中覺得孤單，腦中想著家人，擔心我們要如何支付這筆醫療費時，來自世界各地的人卻都在擔心我！我再也不覺得孤單了。
我等不及要回家跟莫妮芭說安潔莉娜・裘莉的事情了！

31 苦樂參半的一天

醫生在我的耳後動手術——花了將近八小時——嘗試要修復我那被子彈切斷的臉部神經。那條神經負責控制我左眼的開闔、左眉的抬降，以及微笑。他們說如果不快點動手術，我的臉將會永遠癱瘓。

這項手術很複雜。首先，他們把我耳道中的疤痕組織與骨頭碎片清理乾淨；這個時候他們才發現我的鼓膜有碎裂的現象。難怪我會聽不見！醫師的下一個步驟很精密：他們把神經受損部分移除，然後將它重新接上。

在手術完成之後，我的工作就是要每天對著鏡子做臉部訓練。誰會意料到要做這麼微小的動作竟是如此困難？我花了四個月的時間才學會微笑和眨眼。我的父母都在期待我能再次眨眼和微笑。雖然這是我的臉，但我想它能夠康復，最開心的人其實是我的父母！

每一天，我都要接受物理治療，也要做一些運動，學習再次靈活運用我的手腳。很奇怪，本來被我視爲理所當然的事情，我現在竟然要這麼努力去重新學會它。我頭幾次嘗試走路時覺得眞是累慘了——彷彿像是在積雪中跋涉前行一樣。

現在已經是槍擊事件過後約一個月了。我的家人都住在一間位於伯明罕的高樓大廈裡的公寓中，他們每天都會來醫院看我。當我的生命明顯轉趨正常時，我眞的快被我那兩個弟弟搞瘋了！我懇求我的父母，「把那兩個留在家裡！他們來只會吵鬧，還有試著要拿走人家送給我的禮物。」

我的弟弟們不再將我視爲陶瓷娃娃（這個詞彙只存在一天），他們的態度轉爲嘲笑、騷擾，大部分時候都在給我帶來困擾。「幹嘛都對馬拉拉這麼好？」阿塔爾說道。「我親眼見過她。她活得好好的。」

我終於能夠再次閱讀，並狼吞虎嚥地看了《綠野仙蹤》，這本書是由英國的前首相高登·布朗送給我的。我喜愛桃樂絲的精神，而我也對她的行爲感到佩服：縱使她試著要找到回家的路，她仍願意停下腳步幫助有需要的人，像是膽小的獅子或是生鏽的錫人。對我來說，這個故事的教育意義是，生命中總會遭遇困難，但若你想要達成自己的目標，你必須堅持不懈。

我的語言能力和記憶力也開始康復。當我看到自己初抵醫院、在費歐娜醫師給我的粉紅色筆記本上寫下的問題時，我大爲震驚。多數字句不但拼法有誤，更是有文法上的毛病。要記起部分朋友的姓名對我來說仍是一大挑戰，而我也不記得跟槍擊案有關的任何事情。因此我開始做一些事，讓大家知道我正在慢慢進步。

我前進的步調很穩定，我的精神一天比一天更好。

終於，在十二月，在我住進醫院近兩個月之後，院方第一次允許我出外旅行。我很懷念河谷中那些繁茂的山坡，因此在醫院上班的伊瑪便爲我安排了一趟造訪伯明罕植物園的旅程。我母親和我在兩位護士的陪伴下前往；我父親沒有去，因爲現在的他經常上電視，太容易被認出來，他怕自己會吸引到太多的照相機。沿途中，我坐在汽車後座，我的頭不停左轉右轉，要將這個對我而言全新的國家的一切盡收眼底。

我不知道外面的天候會是如何。我本來希望會有陽光，但相反地我卻遭遇到強風和乾冷的空氣。不管穿再多的外套、披再多的圍巾都還是超冷的！

但看看這些植物！它們好漂亮。好陌生，卻又好熟悉！「這種植物在我們的河谷裡也有耶，」我告訴其中一位護士。「這種也是！」

因爲很久沒有離開醫院，以致我的情緒過於亢奮，我花了一些些時間才理解到，同在植物園中的其他人都覺得這不過是一次普通的出遊罷了。

我母親興奮到打電話給我父親。「我第一次，」她說道，「覺得心情很好。」

兩天之後，我有了第一個家人以外的訪客——巴基斯坦的總統阿西夫・阿里・扎爾達里，他同時也是班娜姬・布托的鰥夫。院方很擔心媒體會因此過度炒作，但接受他的拜訪有其必要性。扎爾達里先生保證政府會負擔我全部的醫療費用。

因此整個過程都避開記者而做了特別的安排。我裹著禦寒大衣從員工出入口離開大樓。我們開車從一大群記者和攝影師旁駛過，他們根本沒注意到我們。這簡直就像是會出現在間諜小說裡的情節。

車開到一處類似辦公室的地方；等待過程中，阿塔爾、卡須爾和我一起玩一個叫做「精靈保齡球」的遊戲。雖然這是我第一次玩，但我還是打敗了他們兩個！這是原本的馬拉拉已經重出江湖的新證據。

當總統進門時，身旁伴著他的女兒娥西法。他們送給我一束鮮花，然後娥西法送我一條喀什米爾披肩。扎爾達里先生把一隻手放在我的頭上，這在我的國家是象徵尊重的意涵。我父親因為擔心他會碰到我頭骨被移開的那塊地方而縮起了身子，但一切平安無事。

扎爾達里先生說，他幫我父親在伯明罕安排了一個職位。他將會是巴基斯坦的隨行教員。他告訴我什麼事情都用不著擔心，我的首要之務就是把心神都專注在身體的復原上。

在那之後，他說我是「一名了不起的女孩，是巴基斯坦的榮耀」。他是我們國家的領袖，但他卻對我懷抱敬意，就好像我是VIP一樣！

那是美好的一天。所有那些關於如何支付我的醫療費用及我的家人該留在哪裡的問題都煙消雲散。

但是，唉，那也是苦樂參半的一天。因爲我明白：我們有好長的一段時間不能回家了。

32 奇蹟

我終於出院了，這讓二〇一三年有了一個快樂的開始。能夠回家跟家人一起住的感覺眞好，雖然這個家是一間公寓，位在一棟電梯大樓之中。我願意付出一切回到我們那間平實的老屋，輕敲牆面邀賽費娜過來玩，甚至叫我拿垃圾出去倒也甘願；但最重要的，是我們終於又在一起了。

我們在伯明罕清新的空氣中散步，藉此訓練我的體力，但我很快就覺得累了。跟周遭滿是匆忙移動的人群、汽車與巴士的環境相比，醫院裡的生活平穩許多。而且，由於我的聽力還沒完全康復，因此我的頭總是不停轉來轉去，去觀察鄰近的情況。一趟前往雜貨店的小旅行就足以令我疲累不堪。疲累不堪，卻也十分美好。

在咖啡店裡，我們看到男男女女在聊天，而他們不分性別群聚的方式是住在史瓦特的人所無法想像的。我們還在商店裡看到非常暴露的衣服，我們難以相信住在伯明罕的女性竟然有辦法在身上穿這種衣服而不凍僵。在這兒，她們穿著迷你裙，赤裸的大腿腳踏著高跟鞋，就連在寒冬中也不例外。「她們的腳是鐵打的嗎？怎麼都不怕冷？」我母親問我們。

有時在早上出門的時候，當我看見一名男子朝著我走過來時，我會縮起身子。如果我任由自己肆無忌憚的想像，我就會以爲在街上的每一個男性的身上都藏了一把槍，等著要攻擊。不過我沒有把這件事情告訴我的父母，這樣他們至少能夠享受伯明罕冷冽的風光，而不用爲我擔心。

★

我非常想家。我想念我的同學。我想念那些高山、瀑布、美麗的史瓦特河，以及豐茂的綠野。我甚至懷念明戈拉髒亂的街道。因此當我發現有些住在巴基斯坦的人對我多所批評時，我心裡很難受。人們說我是西方社會的棋子，跟理查·霍布魯克[7]「私交甚篤」。人們說我是一個差勁的穆斯林。人們甚至說開槍的其實是我父親，這不過是一場戲，如此一來我們就能順理成章在海外過著奢華的日子。

另一條來自家鄉的消息是跟學校有關。我終於能利用Skype跟莫妮芭取得聯繫，這一次我們總算沒吵架。她告訴我她很想我，沒有其他女孩能夠取代我在她心目中的地位。她還告訴我夏席雅和卡內已經復原並回學校就讀。而且她還說，我的朋友們仍然爲我在班上保留了一個空位。

「對了，順便跟妳說，」她說道。「妳的巴基斯坦研究考試得一百分。」那是我在槍擊事件當天早上參加的考試。這算是好消息。但壞消息來了：因爲我沒有辦法參加其他科目的考試，因此我的老對手瑪麗克·愛奴兒得到了第一名。她當然能奪冠囉，因爲我不在嘛。

我的成績退步了！多麼諷刺啊。這個提倡少女教育的女孩在自己的班上失去后冠。好吧，看來我得要加倍努力，這樣當我回到原本的教室、坐回原本的位子時，我才能勇奪冠軍寶座。

7 為美國資深著名外交官，身分多元，曾被美國總統歐巴馬派任為阿富汗與巴基斯坦的特派員，因心臟的主動脈剝離而病逝於二〇一〇年十二月十三日。

很快地我就能走能說能讀，而我的記憶也開始回來了。但我的聽力仍舊相當不好，我耳朵裡總是嗡嗡作響。醫生們同時也很擔心，當要把放在我肚子裡的頭骨放回去時，可能會引發感染。

因此他們幫我安排了更多手術——有三種手術要同時進行。這次醫生要動一種名爲「鈦金屬板顱骨修補術」的手術——說起來很好聽，其實是要將一塊鈦金屬板放進我的頭部裡。我在想自己會不會變得跟《綠野仙蹤》裡面的錫人一樣：如果你敲敲我的頭部，它會發出咚咚的聲音嗎？除此之外，幫我修復臉部神經的醫師，將一種稱爲「人工電子耳」的小型電子聲音傳導器植入我的耳朵深處。那片頭蓋骨也從原本儲存它的地方移出了。這些都是大手術，但我復原得很快，才五天就回家了。（不久以後，我收到了一份相當特別的禮物——被裝進塑膠容器中的頭蓋骨，正是從我肚子裡拿出來的那一片。我把它放在臥室中，常會將它展示給客人看。）

幾個星期過去，在我的耳朵後面加裝了接收器以後，我聽見了小小的嗶嗶聲。然後又是一聲。接著我就聽見了醫師的聲音。一開始，任何人的聲音聽起來都像是機器人在說話，但很快地，我的聽力就變得越來越好。

眞主太偉大了！祂賜予我們一雙眼睛，讓我們得以欣賞這個世界的美麗，祂賜予我們一雙手去觸碰物體，賜予我們一只鼻子去體驗萬物的氣味，還賜予我們一顆能懂得欣賞這一切的心。但除非有一天我們失去了其中一項能力，我們才會意識到自己的感官能力是多麼的奧妙。

聽覺的復原只是其中一項奇蹟而已。

一名塔利班在一輛校車上近距離朝三個女孩開了三槍——但是我們都活了下來。

一個人試圖要讓我閉嘴，而幾百萬人因此發聲。

這些也都是奇蹟。

33 新地方

我們現在已經在伯明罕安頓了下來。我們住進一棟整齊的磚造房屋。房屋位於一條我從醫院病房的窗戶就能看到的整齊林蔭大道上。這裡舒適，有秩序，平靜，也安靜。太安靜了。沒有孩子在巷弄裡打板球。沒有男人在客房裡爭辯政治。沒有女人在後院聊八卦。我的父親，他在史瓦特時常是「大家的好朋友」，到了這兒，雖然拜訪他的人很多，卻鮮少是眞正的朋友。我的母親，她的英文不像我們家的其他人那麼好，她只能茫然地在一家又一家的商店之間不停遊走，研究那些店家販售的古怪食物。卡須爾多數時間都獨自窩在他的房間中，在祈禱吧，我猜，希望能重回他以前的生活。而某一天我聽到阿塔爾，他的本性是我們家人裡最陽光的，卻哭著說他沒有朋友能陪他一起玩。我們跟隔壁房屋只有區區幾呎之遙，但若講到鄰居，他們則可能住在一哩之外。就像我父親說的，我們雖然住在一個鄰里內，但我們卻鮮少看到鄰居。

每次我們一出門，人們就會靠過來，希望能夠跟我合照。我不介意。我知道這些來找我的人，就是那些在我需要的時候給予我支持的人，也是賜予我勇氣，讓我能夠繼續走下去的人。我現在變得很有名，但我又覺得很孤單，同時體驗到這兩種感受的感覺很奇怪。

與此同時，我們也逐步地適應了這個新環境。如今，我父親要去工作的時候，他都會穿上帥氣的毛呢西裝外套搭配雕花皮鞋。我母親會使用洗碗機。卡須爾跟他的Xbox在談戀愛。而阿塔爾則發現了榛果巧克力醬。

我仍會去醫院接受常態性的物理治療療程，以學習如何移動我的臉部肌肉。而我也被告知，之後可能還需要動其他的手術，不過我不太會去想這部分的事情。

★

有一天晚上，我們全家去伯明罕主要的商業區散步。當時我正在欣賞這座城市裡形形色色的人。跟每個人的造型都一樣的明戈拉不同，這裡充斥著各種人：身穿足球球衣的雀斑男孩、留著長長髮辮的黑人女子、穿著西裝的男人與穿著西裝的女人、身穿罩袍的保守穆斯林婦女與身穿牛仔褲搭配頭巾的年輕穆斯林女性。忽然間，一位年輕男子從後面呼喊我的父親。

我們轉過身，我看到他有著帕什圖人的深色外觀，但他身上卻穿著西方的服飾。「閣下，」我聽見他對我父親說道。「我來自您的故鄉的部落。我認得您。」我父親伸出了他的手，他很高興能遇到同鄉。

那名男孩指著我。「閣下，我們都爲您的女兒流下眼淚。我們都在爲她禱告，」他說道。「但你們現在在做的事情很危險。」

我父親一臉疑惑。

「在伯明罕，你們不應該在外頭待到這麼晚，」他說道。「這座城市在入夜之後會變得很危險。」

我父親跟我互看一眼，接著我們把男孩說的話解釋給我母親聽。這個可憐的男孩被我們的反應弄糊塗了。我父親擁抱他，也謝謝他的提醒。但我們沒辦法好好地跟他解釋清楚，與我們來的國家相比，這個安靜、守序的地方怎麼可能稱得上不安全呢？

★

我在這裡就讀一所新學校，我身上穿的是英國女學生的制服：一件綠色的毛衣、條紋鈕釦襯衫，以及絲襪和藍色裙子。多數其他女孩都穿短裙，但我的裙子長及膝蓋，此外我也戴著頭巾。很幸運地，我的班級裡有幾個穆斯林女孩也是這麼穿，因此我的穿著就不會顯得特別突兀。但有些女孩在一到學校之後，就會把她們裙子的褲頭往上捲，等到要回家了，才又讓裙子垂下來。於是我就想：這裡眞是一個有趣的國家，有些女孩可以自由選擇把她們的身體遮起來，而其他人則是能選擇不去遮掩。

在這裡我們也有投影機與筆記型電腦、影片和無線網路，還有像是音樂、美術，以及資訊工程等學科，甚至就連烹飪都有課程（但是我超討厭）。對我這來自巴基斯坦的學生來說不免有點震撼，畢竟我們那兒的學校只有老師和黑板。我不時會希望自己能回鄉，回到那個沒有電腦的簡樸教室。但我轉念一想，我那些老朋友們不知道會有多愛這些五花八門的設備跟這些特別的課程。有時候，我會爲了這些老朋友們無法擁有這裡的學生所擁有的那些好東西，而覺得難過。有些時候，我則是因爲她們擁有一項我沒有的東西而覺得難過：她們擁有彼此。

★

在我跟我的新同學之間有個類似鴻溝的東西存在。有時候聽不懂他們所講的笑話。有時候則是他們聽不懂我講的笑話。跟巴基斯坦的女孩子之間的相處模式相比，這裡的人的相處模式則是非常自在。我想成爲其中的一分子，我想跟他們玩在一起，但我眞的不知道該怎麼做。而我又不能那麼不知感恩。大家都期望我能當個好女孩。

我是一個好女孩——我一直都是。但現在，我告訴自己，我得要非常好才行。因此我更加的謹言愼行。沒有人要我過得這麼綁手綁腳。相反地，這裡的老師們經常鼓勵我過得輕鬆自在，把這裡當作自己的家。但我眞的沒有辦法跟同齡女孩過得一樣自在——因爲我必須考量到世界看我的角度。當你擁有這麼一個公開的身分，而且許多人都仰賴你時，我相信你的舉止得總是反映大衆對你的期許。

我的日子變得非常忙碌。我在出書、拍紀錄片，並發表演說，同時我也跟不少有趣的人碰面，在社群媒體上辦活動，並從事人道救援的工作。我得以做很多很棒的事情、去很多很棒的地方，但有這麼多的時間出門在外，又要同時跟上課業及準備考試很不容易。我也是個人，有時也會覺得疲累。有些時候，我希望自己只需要坐在沙發上看《請講普通話》或跟朋友用 Skype 聊天就好。但我很認眞看待自己在做的事情，一直都是如此。

我在這裡還沒有找到像莫妮芭那樣的好朋友，甚至也還沒找到一個像是瑪麗克．愛奴兒那樣的競爭夥伴。但在這個新學校裡的女孩子都對我很好，而我也開始交到朋友。她們會找我去打保齡球或是看電影或是參加她們的生日聚會。她們都是很棒的女孩子，親切又幽默。但跟在老家的時候不同。在那兒，我只要當馬拉拉就好。在這兒，至少在剛認識的時候，我是「馬拉拉，那個被塔利班槍殺的女孩」。我想要再一次只當馬拉拉，一名普通的女孩就好。

一開始，我懷疑自己怎麼有辦法跟這些女孩子變成朋友。我看過也經歷過她們根本無法想像的事情。但隨著時間過去，我這才意識到她們也經歷過我無法想像的事情。我發現，我們彼此的共通點比歧異點還多，而且每一天我們都會從對方身上聽到全新的體驗。然後每一天，我開始有點覺得自己就像是原本的那個馬拉拉，不過是班上的其中一名女孩子而已。

但在一天結束之後，當每個人魚貫地去搭她們的巴士時，有那麼一下子的時間，我會想起卡須爾學校一天結束之時那忙亂的畫面。我想起我們是多麼急忙地要離開教學大樓、搭上迪納，起起伏伏、搖搖擺擺地駛進明戈拉那瘋狂、擁擠的街道之中。

34 那件我們都知道的事情

在這個新的世界，有些事情依舊沒變。第一：我還是會跟卡須爾吵架。（或也可以說，他想跟我吵架，而我幫他這個忙。）我們會爲了誰能夠搶到前排的位子搭車上學而吵。我們會爲了廣播要聽哪一臺而吵。他說我有個大鼻子。我說他是個大胖子。當車子停在他的學校前時，他會企圖給我一拳。而我則會在他要下車時鎖上門讓他出不去。在公開的場合，我也許是位言論自由與人權的提倡者，但當跟我的弟弟共處一室時，我得承認，我可以是名暴君！

第二：莫妮芭跟我又回到了我們愚蠢的舊式爭吵之中。只要有機會，我們就會用Skype聊天。但我們似乎都會用同樣的方式來起頭。「噢，馬拉拉，」她說道。「妳把我忘得一乾二淨。」然後我會回答她：「莫妮芭，玩健忘遊戲的人是妳不是我。」

等到把那些酸溜溜的話都說盡了，我們就會好好地聊是非。

有時候，與莫妮芭還有故鄉其他的朋友聊天，會讓我更想家。我幾乎可以聞到從河谷深處冉冉升起的柴煙味，或聽見哈吉巴巴路上的喇叭聲。我曾到過很多地方，但對我來說，我的河谷依然是世界上最漂亮的地方。我遲早會回到巴基斯坦，但每次只要我跟父親提及想回家的念頭，他就會找理由推辭。「不行啦，親親，」他會這樣說。「妳的治療還沒有結束。」或者是「這裡的學校比較好。妳一定要留在這邊到把所有的東西都學完再走。」

他沒有說到那件我們都知道的事情：我們得在這兒待上一段很長的時間才有可能回家。

回家，是一個我們不會提起的話題，特別是現在，法茲魯拉已經從史瓦特的塔利班首領，升格成爲巴基斯坦的塔利班首領了。

我知道這裡的新生活對我的弟弟們來說很難熬。他們一定覺得彷彿一陣巨風將他們從巴基斯坦捲起，把他們一路吹過了地球，最後讓他們落在這個異鄉。

而對阿塔爾來說，他不明白爲什麼那些媒體成天繞在我的身旁。「我不知道爲什麼馬拉拉很紅，」他對我父親說道。「這個女生做了什麼事嗎？」

對全世界的人來說，我可能是馬拉拉，爲了人權而戰的女孩。對我的兩個弟弟來講，我仍是原本那個跟他們住在一起，多年來跟他們爭吵不休的馬拉拉。我不過就是他們的姊姊罷了。

然而，我母親有時卻會把我視爲寶寶，而非她的長女。她可能會變得過度保護。有時候她也會沒來由地走過來抱我，然後落淚。我知道她當時的腦海裡一定是想到了她差點就失去了我。我經常看見她頭戴披巾、遊走在後院的花園中。她用留在窗臺上的剩菜餵食鳥兒，就像她在老家的時候一樣。我很確定此時的她一定是想起了那些早晨上學前會來我家吃早餐的飢腸轆轆的孩子們，她不知道現在還有沒有人會把他們餵得飽飽的。

有時候，我父親也會哭泣。當想起攻擊事件過後幾天，我仍生死未卜的時候，他就會哭泣。當想起攻擊事件本身時，他就會哭泣。當他從午睡中醒來，聽見他的孩子們在後院的聲音，並意識到我還活著時，他也會流下放心的淚水。

我不常生氣，但當人們告訴我，說他應當要爲發生在我身上的事情負起責任時，那眞的會讓我惱怒。說得好像是他逼我站出來發言一樣。說得好像我沒有自己的思考能力一樣。他們眞該看看現在的他。他付出了超過二十年的工作成果被迫拋在腦後：從零到有，這所學校如今有三棟校舍建築與一千一百名學生。他曾經最愛站在大門口，歡迎每個一早來上學的孩童。卡須爾學校還在——而且每天都要學生從那扇大門進出——但他卻沒辦法親眼看見這個畫面。

相反地，他就像以前在史瓦特時所做的一樣，不停出席少女教育的研討會及提倡和平理念。如今，人們會想聽他說話的原因乃是因爲我，我知道他不太適應這樣的情況，因爲應該要顛倒過來才對。「以前，大家都知道馬拉拉是我的女兒，」他說道。「但我現在必須很驕傲地說，人們現在都認得我是馬拉拉的父親。」

對我們而言，回去巴基斯坦並非明智之舉，的確如此沒錯。但有一天當我們又患思鄉病時，我們才理解到能將巴基斯坦帶入我們的生活。親友們開始過來拜訪我們。而在英國念書的夏席雅與卡內，則是會在學校放假時，過來跟我們住在一塊兒。

當家裡擠滿訪客、晚餐桌旁得多添椅子時，我母親的心情就會比較好。當她的心情越好，她就越願意去嘗試新的事物。她開始再度學習英文。她也開始在未用披巾蒙面的狀況下出席公開場合，甚至允許別人幫自己拍照。

與此同時，我父親則負擔了新的家庭義務。前陣子我嘲笑他，當他和我都忙著對女權大放厥詞時，我母親依然得負起煮飯和洗衣的責任。現在，每天的早餐都是由他負責烹調的。每次都煮同一道菜：煎蛋。他的料理雖然充滿愛，但卻欠缺變化。

在過往的人生中，他曾勇敢地做了幾件事情：他在一貧如洗的情況下創校，爲女權與少女教育挺身而出，甚至還挺身對抗塔利班。

但我那勇敢、驕傲的帕什圖父親如今也嚐到拿鍋動鏟的滋味了！

35 周年快樂

在槍擊事件發生近一周年時，許多記者來採訪我。他們看起來總是對我的遭遇覺得很難過。他們會說些像是「妳跟妳的家人只能離開你們的家鄉。你們得生活在恐懼之中。你們曾經歷過許許多多的痛苦。」之類的話。然而，雖然我是那個親身經歷這些事情的人，我的心情卻不會像他們那樣難過。我猜我用不同的角度去看自己的處境。如果我告訴自己：「馬拉拉，妳永遠也回不了家了，因爲塔利班要殺妳。」只會繼續痛苦而已。

我是這樣看待此事的。我看得見！我聽得見！我能夠說話！我可以去學校上課，還能跟我的弟弟們吵架！我的生命有了第二次的機會。而且，我正過著眞主賦予我的人生。

記者還問，我會不會覺得害怕。

我回答不會。這是實話。但我沒有說我害怕一件事：我有時會擔心自己將來會不會仍是同一個馬拉拉。未來的我仍對得起這些人們曾頒發給我的榮耀嗎？

有時候，當記者看到我的兩個弟弟自在地玩樂時，他們會問我，我會不會覺得自己的童年因爲爭取這些兒童權利的運動而慘遭剝奪。

我會告訴他們，去想想一個十一歲就被嫁掉的女孩子，或是去想一個得穿梭在垃圾堆之間拾荒養家的小男孩，或是那些被炸彈和子彈奪走性命的孩童，他們的童年才眞眞正正的被剝奪了。

而有時候，記者看來只想要把焦點放在那次的攻擊事件，而非我參與的社會運動上。

這樣的作法會讓我覺得沮喪，但我能夠理解。人類的天性就是好奇。雖然如此，但我的看法是這樣的：他們已經對我造成了傷害，在我身上留下永久的傷疤。

但伴隨著暴力與悲劇而來的卻是機會。我永遠不會忘記這點，特別是當我想起馬拉拉基金會已經做了多少好事，而且我們還會繼續做下去。

爲了幫助那些淪爲家事童工的史瓦特少女，我們啓動了一個計畫。我們資助她們，讓她們能夠上學，最後得以獨立自主。我很想在約旦盡一份心力，而在經過數月的溝通之後，我們安排了一趟旅行，去幫助敘利亞的難民，他們之中的許多人已經有三年沒上學了。我在那裡遇見穿著髒衣服、赤腳、只有一小袋資產的孩童。我在那裡遇見了我永遠也不會忘記的孩童。幫助這些孩子獲得食物、遮風擋雨的住所與教育是我們的責任，而我們也會去做。

我認爲四海本一家。當我們的同胞正在面臨苦難，我們全部人都應當伸出援手去幫助他們。因爲當人們說他們支持我的行動時，他們實際說出口的，其實是他們支持少女接受教育。

因此，沒錯，塔利班的確射傷了我，但他們只能夠射穿我的身體，他們沒辦法射穿我的夢想，他們無法殺死我的信念，而他們也無法阻止我正在從事的社會運動：我們希望看到所有的女孩與男孩都能接受教育。

好幾百萬人爲我祈禱，而眞主讓我活了下來。我是因爲一個原因而活下來的，那就是我要用自己的生命來幫助世人。

尾聲：茫茫人海中的一名女孩

十六歲生日當天，我得到了一個非常特別的禮物：聯合國邀請我去發表演說。當年度我前往紐約兩次，那次是頭一次。有四百個聽眾會出席：他們都是來自世界各地的高級官員，例如聯合國的祕書長潘基文，還有英國的前首相高登·布朗，以及其他像我這樣的普通孩子。這跟我不久前在巴基斯坦度過、同時具備喜慶和恐懼的生日截然不同。

我們全家都到了紐約。我們在百老匯觀賞了音樂劇《安妮》，而我們待的飯店會用銀托盤將披薩送到你的房間。比起步調緩慢的伯明罕，我更喜歡紐約的繁榮與忙碌。而在看過《醜女貝蒂》上的紐約之後，我覺得這座城市有如我的老朋友。許多住在巴基斯坦的人都聽說美國是個既黑暗又無宗教信仰的地方，但我在這裡所遇到的每一個人都很親切。我等不及要告訴莫妮芭：美國是一個很棒的地方，但它就像我曾造訪的其他城市一樣吵鬧又擁擠，路上的車子喇叭按個不停，人們匆忙地東走西走。這裡就像是比較先進的喀拉蚩！

在我第二次赴美的旅程中，我遇見了在美國我最喜歡的人之一：一位叫做喬恩．史都華的男子。他邀請我上他的電視訪談秀，談論的話題是我的第一本書以及馬拉拉基金會。他認眞看待我的社運活動，但他也會做鬼臉，還問我願不願意當他的養女。我還碰到了《醜女貝蒂》的本尊艾美莉卡．弗利拉，她本人長得非常漂亮。我們甚至還跟總統巴拉克．歐巴馬及他的家人見了面。（我相信自己對他的態度很敬重，但我有跟他說，我不喜歡他在巴基斯坦發動的無人飛機攻擊行動。當這些飛機殺掉一個壞人時，無辜的人也跟著一同死去，而恐怖主義會因此更形擴散。我還告訴他，如果美國把投注在武器與戰爭上的費用減少，轉而把更多的錢投入教育的話，世界會變得更爲祥和。我決定，如果眞主給了你聲音，你就應該好好善用它，就算跟美國總統的意見相左也無妨。）

在聯合國演講那天，我很興奮。

我經歷了一些美好的體驗，遇到了一些很棒的人。但我還是我，一個喜歡大聲折手指和喜歡用畫圖的方式去輔助講解的女孩。一個討厭義大利麵但喜歡杯子蛋糕、也永遠都會喜歡母親煮的米飯的女孩（如今我也很愛起司零嘴和酥炸魚條）。一個得熬夜準備物理學考試的女孩。一個擔心自己的好朋友會對她生氣的女孩。一個平凡的女孩。

我眞的有可能要去聯合國發表演說嗎？我的人生竟然出現了這麼大的轉折！

那天早上，我花些時間慢慢穿衣服，套上我最心愛的粉紅色沙瓦爾．卡米茲，戴上一條班娜姬．布托的圍巾。我還沒有準備講稿，只記下了聯合國代表們的姓名。這份講稿，是要寫給世界上每一個能夠從我的文字中獲得勇氣、並激起他或她爲自身權益挺身而出的人。我不想被視爲「被塔利班槍殺的女孩」，而是「起身爭取教育的女孩」。把知識當作她的武器，爲和平挺身而出的女孩。

我的講詞如下：

親愛的兄弟姊妹：

記住一件事，馬拉拉日不是我的日子。

今天是每一個女人、每一個男孩，以及每一個女孩揚起他們的聲音，為自己的權益發聲的日子。數以千計的人們被恐怖分子奪走了性命，好幾百萬人因而受傷。我只是其中一位而已。

因此我站在這裡……茫茫人海中的一名女孩。

我不只為了自己，更為了所有的女孩與男孩發聲。

我揚起自己的聲音，不是因為我想叫喊，而是因為我想讓那些無法言語者

的聲音能夠被聽見。

對於那些曾為了自己的權益起身奮戰的人：

他們有權要求一個和平的環境。

他們應當被待以尊嚴。

他們應當擁有均等的機會。

他們有權接受教育。

在二〇一二年的十月九日，塔利班的子彈射進我前額的左側。他們也射傷了我的朋友。他們以為子彈能夠讓我們噤聲。但他們失敗了。而現在，從那沉默之中升起了千百個聲音。恐怖分子以為他們能夠改變我們的目標，並阻止我們的渴望，但我的生命依然如昔，除了一件事情以外：弱點、恐懼，與絕望隨之逝去。力量、動力和勇氣隨之誕生。我還是同一個馬拉拉。我的渴望仍然沒變。我的期望仍然沒變。我的夢想仍然沒變。

一個孩子，一個老師，一支筆，以及一本書，就足以改變這個世界。

當我在掌聲中回到自己的座位時，我腦中只能夠回憶起，自己從在卡須爾學校中，對著空蕩蕩的座椅授課的幼兒馬拉拉到現在的路途有多麼漫長。而自己從一位對著浴室的鏡子發表演說的女孩到現在的路途有多麼漫長。曾幾何時，感謝眞主的恩典，我現在眞的在對好幾百萬人講話了。

我曾經希望眞主讓我長高。我意識到眞主已經應允了我的祈禱。眞主讓我得以與天齊高，高到我沒有辦法測量自己的身高，但我的聲音能夠傳到世界各地人們的耳中。當我一開始要求眞主賜給我身高時，我曾承諾要獻給祂一百次的拉卡特．納弗，所以我便以這樣的方式還願。但我知道，由於自己已高不可測，因此眞主也同時賦予我一項責任與一種禮物：我必須負起讓世界變得更祥和的責任，而我每天生活中的每分每秒我都心懷此念；而我的禮物，就是我有能力去做到這件事。

和平能夠降臨每一個家庭、每一條街道、每一座村莊、每一個國家——這是我的夢想。願世上的每個男孩與每個女孩都能獲得教育。而跟我的同學們一樣在椅子上坐下，研讀我的課本，這是我的權利。看見每一個人類臉上都能掛著發自內心的眞誠微笑則是我的期許。

我是馬拉拉。我的世界改變了，但我一如以往。

謝誌

首先，我要感謝世界上所有支持我以及我的理念的人。對每一則寄給我的信息與爲我的祈禱，我都滿懷感激。

我很幸運能夠成爲我父母的孩子，他們尊重每一個人思想與表達的自由。我走的每一步路，都有我的家人與我相伴。我父親鼓勵我追尋自己的夢想，爲和平與教育發聲；而我母親則在這場社會運動中擔當我們的支柱。我的兩位弟弟，卡須爾和阿塔爾則是天天提醒我，即便如今全世界的人都認得我，我依舊只是他們的大姊姊。

在史瓦特就學期間，我很榮幸能夠擁有許多一流的老師和一所非常棒的學校。不單只是現在，我將永遠感謝我的老師，他們盡力散播知識，並教導孩童如何發掘體內的天賦，勇於探索這個世界。在我的新家，我很幸運能夠在非常嚴謹而優良的埃德巴斯頓女子高中就讀，同時還能認識到這麼支持我的團體。所有的老師（特別是女校長葳克絲博士）與同學都對我很好，讓我不再是那個永遠搞不清楚狀況的新女孩。

當我在巴基斯坦和英格蘭住院時，每一所醫院都對我無微不至的照顧，我永遠都對那些關懷我的醫生和護士心懷感謝。我很享受當一名普通的病人。

我也很幸運能夠擁有一位像莫妮芭這樣的好朋友。她總是會引導我去相信自己，永遠不放棄希望。

能夠跟別人分享我的故事，則是上天賜予我的又一項祝福。撰寫一本書是極富挑戰性的任務，而我要感謝許多人在過程當中對我的協助：

卡洛琳娜．薩頓，我的出版經紀人，她負責處理出版過程中每一個層面的問題，而且心中永遠以我的利益為第一優先。

若不是因為西莎．沙伊德，我不會有機會認識卡洛琳娜。西莎同時也幫忙創立了馬拉拉基金會，她每天都在努力將我們的訊息傳遞出去，並讓我們為了爭取教育的社會運動的協助範圍能夠涵蓋到每一個人。

跟我共事的派翠西亞．麥考密克用一種新的方式來訴說我的故事，我很感謝她的耐心和同情——還有那些瑜伽課程！

我很感謝菲琳．傑卡布認眞地編輯此書。雖然她的姓名不會寫在書籍的封面上，但她做了很多的事情。她敦促我賣力寫作，也總是會陪在我的左右。

若不是因爲與克莉絲汀娜·拉姆共寫的那本書，這本回憶錄不可能會存在。我們很仰賴她廣泛的報導與研究，而我也會永遠感謝她幫我將片段的文字轉變成一個完整的故事。

倘若不是夏西德·裘德里給予我和我們家極大的支持，所有的這一切都不會發生。

許多其他人用各種不同的方式，貢獻出個人的一己之力，其中包含了：

奧利安出版社的費歐娜·甘迺迪及她的團隊，他們是我在英國的出版商；小布朗少年讀物的梅根·婷利、莎夏·伊林伍斯，以及其他的團隊成員；梅根·史密斯、琳·塔莉恩托、伊森·喬丹、梅韓·史東、ＰＪ·卡奇克、賈汗·柴博·汗，以及馬拉拉基金會裡的每一個人；諾拉·柏金斯、喜娜·優薩夫、阿梅德·沙、馬克·塔克，以及坦雅·梅勒特；當然還有愛德曼公關公司的詹姆斯·藍迪及蘿拉·庫克斯，在這趟新的旅程中，他們隨時都給予我和我的家人非常大的支持。

而最後，對所有閱讀完我的故事後，在書頁之間發現了希望與啓發的人，我要說聲謝謝。我的旅程並非一帆風順，但我總相信眞理與善意會戰勝一切，而除此之外，我也很感謝自己能夠有機會，爲那些無法說話的人發聲。

謝謝你們。

詞彙對照表

Aba——帕什圖語中對「父親」的暱稱。

Allah——阿拉伯文中代表「眞主」的詞彙。

al-Qaeda——一個伊斯蘭教的好戰分子組織。

Ayat al-Kursi—神聖《可蘭經》中的經文，複誦後祈求保護。

badal——復仇。

bhabi——烏爾都語中的暱稱，直譯是「我兄弟的太太」的意思。

burqa——一種供部分穆斯林女性在公開場合遮蓋她們身軀的衣物或長袍。

chapati——用麵粉和水做成的無發酵麵餅。

dyna——後方開放式的貨車或卡車。

Eid / Small Eid—象徵賴買丹月的齋戒期結束的單日節慶。

fahashi——不檢點的行爲。

FATA——即「聯邦直轄部落地區」；爲巴基斯坦和阿富汗的國界地區，巴政府沿用從英屬時代開始便採取的非直接管轄方式管理此區。

fedayeen—伊斯蘭教的狂熱分子。

haram——伊斯蘭教的禁止事項。

Holy Quran—穆斯林的神聖經書。

IDP——在國內流離失所的人。

imam——當地教長。

jani——親愛的。

jihad——聖戰或內戰。

jirga——部落集會或是當地知名人士所組成的議會。

khaista——帕什圖字彙，意思是「帥哥」。

Khyber Pakhtunkhwa—直譯爲「帕什圖地區」；直到二〇一〇年都稱爲「西北邊境省」，巴基斯坦的四大省分之一。

madrasa——以伊斯蘭教義爲教學主軸的學校。

maulana, mufti—伊斯蘭教的學者。

mujahideen—一個相信吉哈德（jihad），也就是聖戰的穆斯林團體。

mullah——教長，也就是宗教導師的口頭稱呼。

mushaira—詩人集體進行朗誦的活動。

nafl——非強制性的禱告。

niqab——一種部分穆斯林女性於公開場合穿戴的圍巾或面紗，用來遮住部分臉部。

Pashto——帕什圖人的母語。

Pashtunwali—帕什圖人的傳統行爲準則。

pisho——貓咪，小貓。

purdah——（婦女）住在隔離房或隱居地，戴著面紗與他人隔離開來。

raakat——禱詞中特定的動作與字句。

Ramadan—伊斯蘭曆法中的第九個月份，一個內省的時節；信徒必須於每天的日出到日落時間遵守齋戒規定。

shalwar kamiz—傳統的服飾，寬鬆的上衫（kamiz）下褲（shalwar），男女皆可穿。

sharia——伊斯蘭宗教的律法。

stupa——一種像是土堆的喪葬建築。

Talib——若從歷史的觀點來看，本意是指宗教學生，但此詞彙現已代表塔利班好戰分子集團的成員。

Taliban——奉行伊斯蘭教基本主義教派的人所提倡的宗教運動。

tapa——一種帕什圖民間詩歌的形式，塔帕只有兩行，第一行有九個音節，第二行則有十三個音節。

TNSM——保衛先知教法運動（Tehrik-e-Nifaz-e-Sharia-e-Mohammadi），西元一九九二年由蘇非·穆罕默德創立，後來被他的女婿毛拉那·法茲魯拉奪權，他也是眾所皆知的史瓦特塔利班好戰分子。

TTP——巴基斯坦塔利班（Tehrik-i-Taliban-Pakistan）。

Urdu——巴基斯坦的官方語言。

重大事件表

一九四七年8月14日

巴基斯坦創立，爲全世界第一個穆斯林的國土；史瓦特加入巴基斯坦。

英國將其殖民地印度的領土進行劃分，分爲多數爲穆斯林與多數爲印度教徒的區域，分別創造出巴基斯坦與印度兩國。巴基斯坦分成兩大區域，東巴基斯坦與西巴基斯坦，兩者爲印度的領土所分開。而在英國統治期間維持其自治地位的土邦統治者，得以自行選擇要加入哪一個國家。土邦史瓦特選擇加入巴基斯坦，但仍維持其自治地位。

一九四七年

第一次印巴戰爭。

土邦喀什米爾的統治者爲印度教徒，但其子民卻多數爲穆斯林。在土地劃分之後，喀什米爾仍試圖維持其獨立地位。此舉使得喀什米爾境內親巴基斯坦的派系發動內部抗爭，而巴基斯坦的軍隊則表態支持他們。由於內部的叛軍獲得巴基斯坦的援助，其統治者便決定加入印度，代價是印度須提供軍事援助。兩方的軍隊便爲了該地區的管轄權而掀起戰火，直到聯合國被要求出面仲裁。聯合國宣布停火，並依喀什米爾境內的印度軍隊與巴基斯坦軍隊的所在位置，劃分出一條管轄的領土線。

一九四八年

巴基斯坦國父，穆罕默德．阿里．真納去世。

穆罕默德．阿里．真納因病辭世，使得這個剛成立、各方面都亟需整頓的新國家欠缺一個強而有力的領袖。

一九五一年

巴基斯坦的首位總理利雅庫．阿里．汗遭刺身亡。

如同穆罕默德．阿里．真納，利雅庫．阿里．汗是另一位對巴基斯坦的建立至關重要的政治家。在國家獨立之後，他成為巴基斯坦的首任總理，他手中握有的權力比當時的總督還要大（特殊權力則是賦予穆罕默德．阿里．真納）。在穆罕默德．阿里．真納逝世後，汗試圖穩定國家情勢，其手段為結交盟友，並指派重要公職人員，其中，特別重要的是指派卡瓦亞．尼扎姆汀為總督，以及馬力克．古蘭．穆罕默德為財政部長。這些舉動激怒了反對的政治派系，並激起他們的憤恨之情，但汗卻把重心放在贏得群眾對他所提的政策的支持。當他在拉瓦爾品第，一個隸屬於旁遮普省份的城市參加集會造勢活動時，他被一個來自西北邊境省的無業青年刺殺。汗的首相職位由總督卡瓦亞．尼扎姆汀繼任，而馬力克·古蘭·穆罕默德則被指派爲新一任的總督。

一九五八年

阿育布·汗將軍在巴基斯坦首次軍事政變中奪權。

阿育布·汗將軍，後來成爲軍隊的總司令，在一場不流血政變中拿下了國家的主導權。總統伊斯坎德·莫扎遭到流放。由於先前幾年的政局並不穩定，因此這次的政變受到廣大國民的支持。「當巴基斯坦的政府陷入政局不穩定的狀況時，就由軍方負責接手」，阿育布·汗創下了此先例。

一九六五年

第二次印巴戰爭。

印度與巴基斯坦因喀什米爾的議題而再次發生衝突。聯合國再次被要求出面仲裁。聯合國再次宣布停火，並安排談判事宜。美國與英國以停止對兩國販售武器的途徑支持聯合國的決議。談判結果是，領土界線回復至開戰前的樣貌。印度與巴基斯坦宣布放棄以武力解決此爭端。相關談判事宜由蘇聯進行協調，不偏袒任一國家。

一九六九年

史瓦特成爲西北邊境省的一部分；阿育布・汗辭職。

阿育布・汗因其有利於權貴階層的經濟政策而失去大衆的支持；他採用間接選舉的方式，使得民主制度受到限制，否定了多數人民的投票權；再加上與印度開戰後的餘波未息。他辭職下臺，轉由他的門生，巴基斯坦軍的總司令亞雅・汗將軍接掌。政府宣布戒嚴，而所有的管理機構，例如國民大會，則遭到解散。政府廢除了史瓦特的自治狀態，使它成爲開伯爾-帕什圖省（原西北邊境省）的行政區之一。

一九七〇年

巴基斯坦舉辦首次全國大選。

巴基斯坦首次舉辦一系列的選舉活動，每一個國民都有投票的權利。根源於東巴基斯坦的人民聯盟，與根源於西巴基斯坦、由佐勒菲卡爾・阿里・布托所創建的巴基斯坦人民黨，爲主要的競選團體。人民聯盟贏得此次大選。人民黨則在西巴基斯坦贏得多數席次。

一九七一年

第三次印巴戰爭；東巴基斯坦成爲獨立國家孟加拉。

勢力扎根於東巴基斯坦的人民聯盟有權組織新政府，但佐勒菲卡爾·阿里·布托卻反對此事。亞雅·汗將軍認同布托的想法，因爲若新政府由人民聯盟組成，國家的政治力量將轉移至東巴基斯坦。在亞雅·汗與人民聯盟的領導人協商失敗後，東巴基斯坦爆發了大量的示威行動，人民聯盟則宣布從西巴基斯坦獨立。由於預期國家將陷入動盪不安的局面，西巴基斯坦派出軍隊，駐紮於東巴基斯坦。他們奉命鎮壓暴動。印度支持成立新國家，於是派遣其軍隊援助人民聯盟。戰火延燒至西巴基斯坦，包含備受爭議的喀什米爾邊境都受到波及。巴基斯坦政府宣布投降，而東巴基斯坦便以獨立國家之姿興起，名爲孟加拉。

一九七一年

佐勒菲卡爾·阿里·布托成爲第一任民選總理。

因對印度一戰吃了敗仗，加上失去了東巴基斯坦的領土，亞雅·汗將軍隨之辭職，並在同時將統治權指派給一個由布托所率領的人民政府，該政黨於一九七〇年大選時在西巴基斯坦獲得多數選票。

一九七七年

穆罕默德·齊亞厄哈克將軍在一場軍事政變中奪權。

因政策引發民怨，布托的聲勢一落千丈。因此，他在一九七七年召開總統大選。他雖然贏得多數選票，但卻被指控嚴重舞弊。在國家動盪不安的期間，穆罕默德·齊亞厄哈克將軍策動了一場軍事政變。

一九七九年

佐勒菲卡爾·阿里·布托遭絞刑；蘇聯入侵阿富汗。

在被控意圖謀殺一位競選對手後，布托被判有罪，並處以絞刑。由於阿富汗政府企圖拋棄穆斯林傳統、迎向現代化，因而引發內戰。作爲對政府行徑的回應，一個穆斯林游擊戰鬥勢力「聖戰游擊隊」因而崛起，意圖對抗政府。爲了援助阿富汗政府，蘇聯軍隊於首都喀布爾登陸。由於美國擔心共產主義的擴散，以及冷戰時期的均勢力量將有所變動，因此在該地區尋求盟友。結果導致美巴的關係升溫，而巴基斯坦則間接爲美方協助聖戰游擊隊阻止阿富汗建立共產政府。

一九八八年

穆罕默德．齊亞厄哈克將軍和資深軍事官員於飛機失事中罹難；舉行大選；班娜姬．布托成爲伊斯蘭教世界中首任女性總理。

穆罕默德．齊亞厄哈克將軍的管理方式普遍來說受權貴階級的喜愛，特別是高階軍事將領。然而，他個人指派的總理穆罕默德．汗．朱奈卓所施行的政策，無論對內或對外，都跟齊亞厄哈克的議程有所衝突。爲了反擊朱奈卓，齊亞厄哈克宣布國家面臨緊急事態，從而解散政府。約兩個月過後，齊亞厄哈克連同許多政府高官及高層將領死於空難；然而，相關事證從未公諸大衆。參議院的議長古蘭．伊夏克．汗被指派爲總統，任期至總統大選舉行之後。於齊亞厄哈克死後所舉辦的大選，由佐勒菲卡爾．阿里．布托的女兒班娜姬．布托所率領的巴基斯坦人民黨獲勝，並隨即成立新政府。

一九八九年

蘇聯完成阿富汗撤軍。

眼見無法擊敗由巴基斯坦與美國資助的聖戰游擊隊，蘇聯軍隊便自阿富汗撤離。此事導致聖戰游擊隊中的不同派系彼此發生內訌，使得國家的政局陷入進一步的動亂。

一九九〇年

班娜姬・布托政府遭解散。

總統古蘭・伊夏克・汗以其聲稱的貪腐與不適任爲由解散班娜姬・布托政府。國民議會瓦解，國家宣布進入緊急狀態。

一九九一年

納瓦茲・謝里夫接任總理。

一九九三年

納瓦茲・謝里夫與古蘭・伊夏克・汗遭軍方強迫下臺；二代班娜姬・布托政府成立。

總統古蘭・伊夏克・汗與總理納瓦茲・謝里夫之間的政治對立使得政府停滯不前。軍方介入，強迫雙方同時下臺。在後續的總統大選過後，班娜姬・布托成立了她的第二代政府。

一九九六年

塔利班占領喀布爾。

在聖戰游擊隊中的不同派系所引發的阿富汗連年內亂之後，其中一個名爲「塔利班」小派別占領了喀布爾。雖然他們對國家施以極爲嚴厲的穆斯林律法，但由於他們被視爲具有穩定的影響力，因而獲得布托政府的支持。

一九九六年

第二代班娜姬・布托政府遭解散。

總統法魯克・勒加里以腐敗及管理不當等指控解散了布托的二代政府。

一九九七年

納瓦茲・謝里夫組織二代政府；馬拉拉在史瓦特出生。

在第二次被指派擔任總理之後，謝里夫卸除了總統的職權，藉此解散政府，隨後自行指派了陸軍參謀長。他第二次的統治任期因而變得更爲穩固。

一九九八年

印度進行核武測試；巴基斯坦跟進。

印度與巴基斯坦在不顧防止核武器擴散的全球潮流之下進行核子武器測試。此舉引起國際間的批評，因世界各國擔心兩國之間會產生軍備競賽與核武衝突。各國紛紛對雙方祭出國際制裁，其中動作最爲顯著的是美國。

一九九九年

班娜姬．布托和丈夫阿西夫．阿里．扎爾達里貪汙罪確立；班娜姬被流放；扎爾達里入獄；佩爾韋茲．穆沙拉夫將軍發動政變奪權。

班娜姬．布托和丈夫阿西夫．阿里．扎爾達里的貪汙指控確立，促使她的二代政府於一九九六年解散。他們都被判處五年徒刑及罰款，但因法院判刑時，布托人在倫敦，因此她便繼續她的流亡生涯。而扎爾達里則在宣判時即遭到逮捕，隨後被指控其與布托之弟的死亡有所關聯，後來因貪汙罪而入獄服刑。面對強烈的反對聲浪，納瓦茲．謝里夫擔心軍方會再次發動政變，因爲那是唯一不受他管轄的機構。他試圖以另一名更順從的將領取代佩爾韋茲．穆沙拉夫的陸軍參謀長職位。穆沙拉夫命令軍隊奪下政府機構，並宣布自己爲行政首長。穆沙拉夫使憲法失效，解散管理機構，並創建成員包含軍方人士與市民代表的國家安全議會來管理國家。

二〇〇一年

蓋達組織策動九一一攻擊突襲世貿中心和五角大廈；美國開始轟炸阿富汗；塔利班政府被推翻；奧薩瑪．賓拉登逃亡到巴基斯坦。

在國際輿論的壓力下，巴基斯坦公開與美國結盟，聯手對恐怖主義宣戰。然而，由於與阿富汗之間的國界線易於穿越的天性，使得包含好戰分子在內的許多人得以進入巴基斯坦。奧薩瑪．賓拉登也是藉由這樣的路徑潛入巴基斯坦。

二〇〇四年

巴基斯坦軍隊開始在聯邦直轄部落區對好戰分子展開攻擊行動；美國無人機首次在巴基斯坦進行攻擊；扎爾達里遭到流放。

在聯邦直轄部落區（簡稱爲FATA）上住了許多帕什圖部族，他們維持傳統的領袖制度，巴基斯坦鮮少干預。由於這些地區緊鄰阿富汗，且與阿富汗有強烈的文化連結，因此蓋達組織的成員得以藏身於此區域中，並將之當作發動攻擊前的集結地區。巴基斯坦軍隊對聯邦直轄部落區發動了一次攻擊行動，想藉此清除這些好戰分子。他們的行動沒有成功，並與好戰分子的首領涅克·穆罕默德·瓦錫爾簽下協議。此舉爲將來與該地區的塔利班談判時創下了先例，並逐漸侵蝕了流傳已久的部落體系。涅克·穆罕默德·瓦錫爾違反了協議中的條款。一輛美國無人機殺死了他。從監獄中保釋出獄後，扎爾達里被流放到位於阿拉伯聯合大公國的杜拜。

二〇〇五年

毛拉那·法茲魯拉開始在史瓦特經營廣播電臺；巴基斯坦發生大地震，超過七萬人死亡。

蘇非·穆罕默德發起保衛先知教法運動（Tehrik-e-Nifaz-e-Sharia-e-Mohammadi，簡稱爲TNSM），企圖讓沙力雅，也就是伊斯蘭律法，能夠在史瓦特強制實施。在蘇非·穆罕默德入獄後，他的女婿毛拉那·法茲魯拉接掌了TNSM。他創建了數十個非法電臺，並藉此宣揚吉哈德，也就是聖戰的理念。最後，他與鐵力克·塔利班·巴基斯坦，也就是塔利班的巴基斯坦分會合作，意圖讓沙力雅能夠爲全國人民所奉行。

二〇〇七年

軍隊席捲伊斯蘭堡的紅色清眞寺；班娜姬．布托重返巴基斯坦；法茲魯拉成立伊斯蘭教法庭；穆沙拉夫將軍派軍進入史瓦特；巴基斯坦塔利班正式成立；班娜姬．布托遭到暗殺。

紅色清眞寺，或稱之爲拉．瑪斯吉德，是一所位於巴基斯坦首都伊斯蘭堡的親塔利班清眞寺與宗教學校。紅色清眞寺對政治相當敏感，寺中的教士鼓勵成員以暴力行動來推廣他們的理念。女學生因而做出了許多公民不服從的行爲。隨著他們的攻擊行動越演越烈，包含挾持人質等，逼得軍警雙方採取行動。拉．瑪斯吉德的教士（及其信衆）與軍隊便因此陷入僵持的局面。攻堅行動持續了八天，導致超過五十人傷亡。爲了表示支持，法茲魯拉要求他的信徒持械反抗軍隊此次的行動。在恢復民主政治的輿論壓力下，穆沙拉夫允許班娜姬．布托得以重返巴基斯坦。多數人都認爲他們兩人之間達成了一定的共識：布托將成爲總理，但穆沙拉夫的總統大權不變，且延續一個任期。布托在旁遮普省的拉瓦爾品第參加選舉造勢活動時遭到暗殺。

二〇〇七～二〇〇九年

塔利班的影響力擴及史瓦特。

爲報復於拉．瑪斯吉德發生的一系列事件，法茲魯拉更頻繁地發動暴力襲擊，意圖在史瓦特強制施行沙力雅。在二〇〇八年的總統大選過後，爲回復區域的和平，塔利班與巴基斯坦政府經由談判達成了協議。但塔利班違反了此協議中的條款，繼續對巴基斯坦政府、軍隊及百姓發動武力攻擊。軍方因此發動了一次攻勢，卻只加劇了暴力行爲的產生。政府最後同意在史瓦特的部分地區施行沙力雅。法茲魯拉宣布停火。

二〇〇八年

扎爾達里上任總統；穆沙拉夫遭到流放。

在班娜姬．布托的刺殺事件發生後，巴基斯坦人民黨贏得了大選。該政黨的領袖由她的兒子比拉瓦爾及她的丈夫扎爾達里接任。扎爾達里被選爲總統。

二〇〇九年1月15日

法茲魯拉宣布關閉所有位於史瓦特的女子學校。

二〇〇九年2月

巴基斯坦政府同意與塔利班簽訂和平協議；《紐約時報》公開了一部紀錄片《下課》。

在該地區的軍事行動失敗，反而導致更進一步的暴力攻擊後，政府同意與塔利班簽下另一紙和平協議。協議中明訂，以於該區域施行沙力雅爲交換條件，塔利班將停止攻擊。此舉實際上讓該區域成爲塔利班的管轄地。一部《紐約時報》於數月前所拍攝的紀錄片，藉由跟拍馬拉拉與她的父親，讓觀衆得以看見史瓦特河谷所面臨的恐怖景況，並展現出他們對於提升少女教育的渴望。這部紀錄片讓他們的理念獲得了國際間的注意。

二〇〇九年4月

塔利班占領史瓦特，協議破局。

法茲魯拉打破了協議的內容，並開始擴大他所掌控的地區。塔利班奪下了史瓦特的主要城鎮明戈拉，接著則是布納跟香拉的部分轄區，此舉讓他們得以與聯邦首都伊斯蘭堡的距離僅一咫之遙。

二〇〇九年5月

巴基斯坦軍隊開始在史瓦特對塔利班採取軍事攻擊；馬拉拉與她的家人，以及其他的八十萬人，離開史瓦特。

首都伊斯蘭堡所遭受到的威脅，使軍方對史瓦特採取果斷的行動。史瓦特河谷三分之二的人口逃離開該地區。

二〇〇九年7月

巴基斯坦政府宣布史瓦特的塔利班已被驅逐。

軍方的攻擊行動驅逐了駐紮於史瓦特的塔利班。毛拉那·法茲魯拉從當局手中逃脫。

二〇〇九年12月

美國總統歐巴馬宣布加派三萬三千名士兵到阿富汗，讓北約軍隊總人數達到十四萬。

二〇一〇年

巴基斯坦全境大洪水，造成兩千人死亡。

這次的洪水是巴基斯坦有史以來最強烈的。約兩千萬人的生活受到影響，國土有五分之一都泡在大水中。

二〇一一年

旁遮普省省長薩爾曼．塔席爾遭暗殺；奧薩瑪．賓拉登在阿巴塔巴被殺；馬拉拉獲得巴基斯坦國家和平獎。

薩爾曼．塔席爾的一名保鑣招認自己暗殺了他。他解釋道，塔席爾反對巴基斯坦設立「褻瀆神明法」[8]（blasphemy law）的行徑激怒了他。此事件震撼了國際社會，因此舉明確展露出巴基斯坦國內對非穆斯林社群的偏狹。在美國的一次軍事行動中，奧薩瑪．賓拉登於開伯爾-帕什圖省境內鄰近阿巴塔巴處被殺。政府因容許美軍入侵巴基斯坦國土與情報單位竟失能到讓賓拉登得以匿名住在巴基斯坦境內而飽受批評。

8 此法的用意為限制言論自由不得褻瀆神明，或對聖人、宗教聖物、習俗或信仰不敬。

二〇一二年10月9日

馬拉拉遭槍擊。

雖然馬拉拉與其家人接二連三遭受威脅，但她仍繼續去卡須爾學校上課。10月9日，在她放學返家的途中，馬拉拉成為被狙殺的目標，她與其他兩名女孩在校車上遭到槍擊。塔利班的成員法茲魯拉出面宣稱犯下此案。三名女孩都活了下來。

二〇一三年

穆沙拉夫回國，並遭到逮捕；儘管塔利班組織的暴力行徑持續發生，選舉仍照常舉行；納瓦茲．謝里夫第三度接任總理。

穆沙拉夫被指控於任期內濫用權力，因而遭到逮捕。相關指控還包括非法居留司法成員。針對他的逮捕行為顯示出巴基斯坦文化的改變，過往的軍事將領從未需要對就職期間的行為負起任何責任。巴基斯坦史上第一次由人民選出的民主政府順利結束其任期，並將權力移轉給另一個民選民主政府。

二〇一三年7月12日

馬拉拉在她的16歲生日這天，在紐約向聯合國呼籲讓所有的兒童都能接受免費的教育。

馬拉拉從她位於英國伯明罕的新家去上學，同時也繼續她幫所有國家的孩子們爭取教育的社會運動。

來自馬拉拉基金會的一封信

在世界各地，有好幾百萬個女孩與男孩從來沒有上過學。就像你我一樣，他們擁有遠大的夢想，也希望能夠迎向美好的未來。但他們從來沒有機會去擁有更好的人生。

我知道你跟我能夠改變這一切。我們辦得到。這就是我成立馬拉拉基金會的動機。

我寫這本書的目的之一，是希望能代替所有那些無法說話的孩子發聲。我特別希望我的故事能夠啓發女孩子，讓她們得以擁抱自己體內所潛藏的力量。但我的任務不是這樣就結束了：馬拉拉基金會相信每一個女孩，以及每一個男孩，都有接受良好教育的權利。

在許多國家，一天只需要一美元的代價，就能送一個孩子去上課，而五十美元能夠幫助一個家境清寒的女孩拿到全額獎學金，讓她得以去學習知識。其實我們可以透過許許多多的方式對他們伸出援手，只要我們決定付出足夠的關懷。

所以，讓我們站在一起吧。讓我們彼此承諾，至少幫助一名被剝奪了上學機會的孩子。可以在周末義賣糕餅。或找其他學生加入你的行列，去幫助那些想上學卻沒有機會的孩子，或單純地為那些無法替自己說話的弱勢族群發聲。

你我攜手，我們可以創造出一個更美好的世界。讓每一個孩子都有機會接受學校教育，並瞭解到他體內所擁有的潛力。

你可以選擇加入我們，或到 malalafund.org/voice 瞭解更多的詳情。

你我攜手，我們的聲音就會被聽見。

馬拉拉

愛視界 009

我是馬拉拉（青少年版）：勇敢發聲，改變世界的女孩！

I Am Malala：How One Girl Stood Up for Education and Changed the World Young Readers Edition

作　　者／馬拉拉・優薩福扎伊 Malala Yousafzai、派翠西亞 ・ 麥考密克 Patricia McCormick
翻　　譯／朱浩一
總 編 輯／陳品蓉
封面設計／陳碧雲
出 版 者／愛米粒出版有限公司
負 責 人／陳銘民
總 經 銷／知己圖書股份有限公司　郵政劃撥：15060393
（台北公司）台北市 106 辛亥路一段 30 號 9 樓
電話：（02）23672044、23672047　傳真：（02）23635741
（台中公司）台中市 407 工業 30 路 1 號
電話：（04）23595819　傳真：（04）23595493
讀者專線／ TEL：（02）23672044、（04）23595819#212
FAX：（02）23635741、（04）23595493
E-mail：service@morningstar.com.tw
法律顧問／陳思成
國際書碼／ 978-626-99024-4-6
二版日期／ 2025 年 1 月 1 日

定　　價／新台幣 299 元

愛米粒出版有限公司
Emily Publishing Company, Ltd.

因為閱讀，我們放膽作夢，恣意飛翔——
在看書成了非必要奢侈品，文學小說式微的年代，愛米粒堅持出版好看的故事，讓世界多一點想像力，多一點希望。

愛米粒 FB

我是馬拉拉：勇敢發聲，改變世界的女孩！/ 馬拉拉．優薩福扎伊 (Malala Yousafzai), 派翠西亞．麥考密克 (Patricia McCormick) 合著；朱浩一譯．-- 二版．-- 臺北市：愛米粒出版有限公司, 2025.1　面；　公分
青少年版
譯　自：I am Malala : how one girl stood up for education and changed the world, young readers ed.
ISBN 978-626-99024-4-6 (平裝)
1.CST: 優薩福扎伊 (Yousafzai, Malala, 1997-) 2.CST: 傳記 3.CST: 巴基斯坦
783.728　　113013963